AF291006

VetH Verlag
Holger Veth
Schänzelstraße 1
67459 Böhl-Iggelheim
www.Veth-Verlag.de

Übersetzung:
Christine Wendel
www.traduzco.de

Layout & Satz:
Christian Koch | entronauten
www.entronauten.com

Foto Umschlag:
Galyna Andrushko, photodune, 3128175

Kapitelfotos:
Alice Nerr, fotolia, 61444764
Galyna Andrushko, photodune, 7128744, 1544255, 3128175
Maygutyak, fotolia, 56608192
Xilius, photodune, 8108528
Kadmy, photodune, 3980963
rcaucino, photodune, 3237579

Druck: BOD

ISBN 978-3-939972-15-0

1. Auflage © 2014 VetH Verlag

DER WEG MITTEN INS JETZT

Aufstieg zum Himalayabewusstsein

Jayadev

VetH Verlag

Index

Das Basislager

EINE EINFÜHRUNG IN DAS HIMALAYABEWUSSTSEIN

„Durch meine Anstrengung und meine Kenntnis des Gesetzes
lasst mich die kostbare Leiter der Erkenntnis hochsteigen – um
schließlich auf dem glänzenden Gipfel der Verwirklichung zu
stehen von Angesicht zu Angesicht zum einzigen Göttlichen!"

Paramhansa Yogananda

Der Himalaja übt eine unermessliche Faszination aus. Abgesehen von seiner majestätischen Schönheit ist er auch eine wichtige Kraftquelle unseres Planeten, von dem ein kontinuierlicher Fluss der Segnungen und Weisheit ausgeht. Diese Segnungen wurden von einer langen Abfolge von Yogis erzeugt, die dort bereits seit Jahrtausenden meditieren. Wandert man auf den gesegneten Pfaden des Himalaja, dann öffnet sich das eigene Bewusstsein leicht für Inspiration, erhebt sich und weitet sich aus. Höhere Wirklichkeiten sind plötzlich ganz nahe, greifbarer, als ob der Schleier zwischen Himmel und Erde dünner geworden wäre. Man spürt tatsächlich, dass man „über das Dach der Welt" wandelt.

Über viele Jahre hinweg habe ich Pilger an die heiligsten Plätze des Himalaja geführt, zu seinen Heiligen und zu seiner natürlichen Schönheit. Dort in einer Höhe über 3000 und manchmal 4000 m (10.000-14000 Fuß) habe ich spannende Einsichten erlangt. Ich kritzelte sie auf kleine Stücke Papier, erfüllt von Aufregung und Dankbarkeit. Später strukturierte ich diese Notizen und weitete sie zu diesem Buch aus, das nun Botschaften aus den hohen Weiten des Himalaja anbietet.

Und dennoch ... das Dach der Welt ist eigentlich in uns. Wir haben alle buchstäblich einen Berg zum Besteigen in uns: unser persönlicher Weg nach oben zur Weisheit, Selbstverwirklichung und wachsendem Bewusstsein. Auf diesen inneren Berg sind alle großen Seelen geklettert und derselbe Berggipfel wartet jetzt auf jeden von uns. Je weiter unten wir auf diesem inneren Berg sind, desto geringer ist unser Bewusstsein. Je höher wir gekommen sind, desto besser haben wir unsere Wahrnehmung ausgebildet. Über diesen inneren Berg schrieb der christliche Mystiker Johannes vom Kreuz vor ungefähr 500 Jahren in seinem Buch „Besteigung des Berges Karmel". Diesen Berg beschreibt auch die Hindumythologie als den heiligen Mount Meru, der das Zuhause des Gottes Brahma ist, sich in der Mitte der Welt befindet und von dem gesagt wird, dass er zwischen 500.000 und 1.000.000 km hoch sei: Es handelt sich um Symbole für eine Größe und Herrlichkeit, die im Äußeren niemals erzielt, sondern nur im Inneren erreicht werden können.

Hier befindet sich der erste Wegweiser für unsere innere Himalajawanderung: Der Weg zur Weisheit ist kein weiterer Weg, sondern ein Pfad der Vertiefung dessen, was wir bereits haben. Betrachten wir das Beispiel der Yogahaltungen: Ein wahres Verständnis dieses Systems kommt nicht durch das Lernen von immer neuen Positionen, sondern dadurch, dass man anhand von einigen wenigen tiefer und tiefer in die innere Erfahrung eintritt. Dasselbe trifft auf das Verständnis für die Heilige Schriften zu. Die Weisheit wird nicht größer, indem man viele heilige Bücher liest. Man sollte nur einige wenige Passagen betrachten und mit jeder von diesen in die Tiefe gehen. Gleiches gilt dafür, wenn es um uns selbst geht. Wir werden uns selbst nicht verstehen, wenn wir uns mit allen unseren versteckten Merkmalen, unterbewussten Komplexen, Ängsten und Kindheitserfahrungen konfrontieren. Wahres Verständnis erreichen wir, wenn wir in der einfachen Wahrnehmung des Ich tiefer und tiefer gehen.

Dieses Prinzips gilt auch, wenn wir zum Jetzt, zum gegenwärtigen Augenblick kommen. Wir wissen dies alle auf einer bestimmten Ebene, denn wir leben in ihr. Aber wer hat es wirklich verstanden? Wer versteht, dass darin die tiefsten Geheimnisse unserer Existenz liegen, versteckt wie die goldenen Schätze in unserem eigenen Garten? Wenige. Warum? Weil das wahre Verstehen des Jetzt eine Entwicklung ist, ein ständiges Aufsteigen im Bewusstsein, bis wir das erreicht haben, was ich Himalajabewusstsein nenne. Ohne diese Entwicklung haben wir wenig verstanden und blicken auf das Jetzt mit dem eingeschränkten Blick, den man vom Tal aus hat, anstelle der horizontlosen Sicht, den die Gipfel uns liefern.

Dieses Buch ist eine Klettertour durch den inneren Himalaja. Jetzt gerade sind wir im Basislager. Die Reise wird uns von einer Höhenstufe zur nächsten bringen. Sie beginnt am ersten Plateau, das uns für größere Höhen vorbereiten wird. Auf dem zweiten Plateau werden wir ein Verständnis dafür entwickeln, wie wir den jetzigen Augenblick hier und jetzt weise und vollständig leben können, hier und jetzt. Von dort aus wird uns die Besteigung zu einem höheren Plateau führen, das uns einen atemberaubenden Blick auf das geheime EWIGE JETZT bietet. Von dort führt der Pfad zum nächsten Plateau, an dem Yogapraktiken angeboten werden, die zum Zweck haben, unser Verständnis zu verwurzeln, um es zu einer persönlichen Erfahrung zu machen. Von dort aus gehen wir weiter aufwärts zu einem Plateau mit Heiligen und Yogis, die uns wertvollen Rat geben. Auf dem nächsten, einem Hochplateau im Himalaja, treffen wir Paramhansa Yogananda und Swami Kriyananda, die uns die Möglichkeit für ein tief greifenderes Verständnis des scheinbar geringfügigen Jetzt bieten, das in Wahrheit den Schlüssel zur Ewigkeit bereithält. Das letzte Plateau wird – hoffentlich – der Beginn eines neuen Lebens für uns sein.

Dieses Himalajabuch ist nicht dazu gedacht, wie ein normales Buch heute oder morgen zu Ende gelesen zu werden. Es ist eher ein Arbeitsbuch, das uns durch viele wichtige Schritte führt. Jeder Schritt soll einen ganzen Tag dauern, manchmal auch länger, so wie beschrieben. Jeder Schritt liefert eine nützliche Lektion zur Erlangung des Himalajabewusstseins und wird im Laufe eines ganzen Tages angewandt. Auf diese Weise dauert unsere „Wanderung" genau 60 Tage.

Widerstehe der Versuchung, dieses Buch schnell durchzuarbeiten. Du würdest außer Atem geraten und keine tiefe innere Transformation erleben. Erlaubt dir dein Temperament jedoch nicht, langsam zu gehen (wir sind alle verschieden), dann wähle einfach dein eigenes Tempo.

Eine praktische Anmerkung: Du wirst ein Notizbuch und einen Bleistift benötigen (moderne technische Versionen sind in Ordnung), um bestimmte Aufgaben durchzuführen, die du für jeden Tag vorfinden wirst. Bitte besorge dir diese Dinge, bevor du mit diesem Buch fortfährst.

Du wirst merken, dass eine Vielzahl von Gedichten, Wortspielen und Geschichten in den Text eingearbeitet wurden. Damit sollen beide Hemisphären, die Linke/Rationale und die Rechte/Künstlerisch-Kreative angeregt werden, damit die Botschaft des Buches eine nachhaltigere Wirkung hat. Außerdem vermitteln sie einen Sinn fürs Verspielte denn, um das „ewige Jetzt" zu erreichen, braucht man die Leichtigkeit eines Kindes.

Hier kommt das erste Plateau.

„Es gibt mehr Dinge im Himmel und auf der Erde,
Horatio, als deine Schulweisheit dich träumen lässt."

Shakespeare

Erstes Plateau
VORBEREITUNG FÜR DEN AUFSTIEG

Dies wird ein kurzer Stopp, der zur Vorbereitung für höhere Einsichten
gilt: Man sollte sich die Schuhe richtig zubinden, bevor man beginnt,
zu wandern.

Im Leben ist nicht nur wichtig, was du tust, sondern wie du es tust. Derzeit
ist das Wie häufig wichtiger als das Was, denn es bestimmt, was du wirst.
Beim Lesen dieses Buches ist das Wie auch der Schlüssel, wenn man so viel
wie möglich davon profitieren möchte.

Daher folgt eine logische Visualisierung:

*Sitz für einige Sekunden still
und spüre diesen Augenblick intensiv*

(Pause)

*Dann sag zu dir selbst:
„Da ist mehr in diesem Augenblick, als ich jetzt gerade sehe.
Lass mich offen sein."
Spüre jetzt deinen Atem für einige Sekunden.
Beobachte ihn intensiv.*

(Pause)

*Dann sag zu dir selbst:
„Da ist mehr in meinem Atem, als ich jetzt gerade sehe.
Lass mich offen sein."*

*An letzter Stelle spüre dich selbst
für einige Augenblicke konzentriert.*

(Pause)

*„Da ist mehr in mir, als ich jetzt gerade sehe.
Lass mich offen sein."*

Die Pilgerschaft zum Himalajabewusstsein hat gerade begonnen. Kein guter Schritt wird vergeblich sein. Die Schätze des Himalaja warten. Das Motto unserer Bergwanderung wird sein: Warum bis morgen warten, um den Berg unserer Träume zu besteigen? Unser Augenblick ist jetzt!

Das kleine Wort „Jetzt" bringt uns zu einem großen Plateau.

„Da ist Freude überall um uns. Warum bis morgen warten?
Wir haben nur diesen Augenblick zu leben.
Ein Himmel in uns bietet sich uns dar,
um in uns eine Freiheit zu finden,
die wir durch Wohlstand nicht erreichen können."

Swami Kriyananda

Zweites Plateau

ZWEITES PLATEAU: TAG 1 – 22
DIE WISSENSCHAFT DES JETZT
UNSER ÄUSSERES LEBEN

TAG 1
CARPE DIEM!

Die Gegenwart leben

Eine der wichtigsten, seit Jahrtausenden bekannten Lehren ist, im Hier und Jetzt zu leben. Carpe diem, sagte der griechische Philosoph Horaz: „Packe den Tag an." Weise Männer aller Kulturen haben ihren Mitmenschen gesagt: „Lerne jetzt in vollem Umfang zu leben, in diesem jetzigen Augenblick! Sei bewusst, lebendig, in der Fülle des Hier und Jetzt! Wo sonst kann man das Glück finden? Sieh dir die Torheit des Menschen an: Er verlegt sein Glück ständig in die Zukunft und hofft auf die großartige letzte Erfüllung, wartet darauf, dass diese eines Tages eintritt. Er projiziert sich katapultartig aus dem Leben hinaus an einen weit entfernten Ort, an dem er vermeint, die Perle des Glücks finden zu können. Nur derjenige, der lernt, im Jetzt vollständig zu leben, kann das Glück, welches das Leben uns verspricht, finden. Jenes Glück, an das wir uns alle erinnern und das niemand je vergessen kann. Unser ewiges „Ich freue mich auf ..." muss sich ändern in „What a wonderful world" (um das Lied von Louis Armstrong zu zitieren), was bedeutet: „Was für ein wundervoller Augenblick, was für ein wundervolles Jetzt!" Praktizieren wir diese Haltung, brechen wir mit unserem ständigen Wegstreben aus dem Hier und Jetzt aus.

Hier ist die erste Übung. Frage dich selbst: „Was aus der Zukunft zieht mich aus diesem Jetzt?" Sobald du diesen Sklaventreiber gefunden hast, visualiere, wie er dich mit seinen Seilen aus dem Leben, aus diesem Leben zieht. Setze dich entschieden zu Wehr. Visualisiere, wie du ein Messer nimmst und seine Seile durchschneidest. Und dann, ... für einen glücklichen Augenblick ... existiere einfach und sei frei!

Der Weg der Weisheit ist immer im Gleichgewicht: Auf der einen Seite müssen wir natürlich Ziele und eine Aufgabe im Leben haben, aber ohne das Jetzt auf der anderen Waagschale zu opfern wie ein Lamm. Unsere moderne Gesellschaft ist unausgewogen und lehnt sich schwer auf die Erfolgsseite. Eine östliche Weisheit balanciert es aus: „Der Weg ist das Ziel!" In anderen Worten: Das Ziel besteht aus diesem Augenblick, der alleine die wahre Fülle des Lebens darbietet. Aber unsere Wünsche machen uns ruhelos, lassen uns nach vorne schauen, weg von ihm und lassen uns Dinge tun, die ... ahhh .... uns sicher glücklich machen, sobald wir dort sind, sobald wir sie erreicht haben, sobald wir unseren Plan erfüllt haben, sobald wir gewinnen, sobald wir ankommen. Aber mit dieser Lebensart wird niemand jemals dort ankommen. Wir machen, machen, machen ständig nur, während das Glück aber nur kommt, wenn wir die Kunst des Seins, Seins, Seins lernen: Gerade hier und genau jetzt.

Das Jetzt leben, frei von der doppelten Ablenkung der Vergangenheit und Zukunft ist eine Kunst und eine Wissenschaft, die man erlernen kann. Wie kann man sie erlernen?

Wie wir gesagt haben: Lass uns versuchen, nichts zu übereilen. Jeder Schritt, Gedanke und Impuls ist wichtig und braucht Zeit für die Anpassung. Setze dich für einen Augenblick ruhig hin, entspanne. Wir sind bei unserer Zeit für das Notizbuch angekommen (und an jedem Tag wird es genauso sein) und nehmen uns eine kreative Pause, um innere Klarheit zu entwickeln, zu denken, zu schreiben und anzuwenden:

KREATIVE PAUSE ZUR ARBEIT MIT DEM NOTIZBUCH

» Wiederhole die Botschaft dieses Tages in deinen eigenen Worten, so klar, wie du kannst.
» Nimm dir einen Augenblick, um darüber nachzudenken, was sie für einen Bezug zu dir und deinem Leben hat.
» Wie könntest du sie auf eine praktische Weise anwenden, um die Qualität deines Alltags zu verbessern?
» Nimm dein Notizbuch und schreibe das auf.

AFFIRMATION UND ÜBUNG DES TAGES

Für diesen Tag (oder für morgen, wenn es Abend ist) nimmst du die folgende Affirmation und Einstellung mit dir, wohin auch immer du gehst, was auch immer du tust:

*„Mein einziges Leben ist JETZT.
Mein Leben ist gut."*

TAG 2
SIEH DICH UM!

Freue dich an einfachen Dingen

Die Freude an einfachen und schönen Dingen ist ein wichtiges Hilfsmittel. Warum den ganzen Tag an den GROSSEN Erfolg denken? Eine schöne Blume, ein Lächeln, ein Vogel: Sie alle können unser Leben jetzt gleich bereichern. Das ist eine Eigenschaft, die sich Kinder und Heilige teilen: Die Eigenschaft im Hier und Jetzt voll und glücklich zu leben, weil einfache kleine Dinge ganz besonders für dich sind und diesen Augenblick reich, interessant und einzigartig machen.

Andererseits (lies es mehrmals, denn es ist lustig):

> *Diejenigen, die schlichtweg nicht dazu in der Lage sind,*
> *die simplen Dinge des Lebens zu erkennen,*
> *sind die größten Simpel des Lebens!*

„Der dumme Mann sucht das Glück in der Ferne, der Weise zieht es unter seinen Füßen heran."[1] Swami Kriyanda lief durch den Garten und ein Freund fragte ihn: „Wenn du irgendwo in der Welt sein könntest, wo ist dein Lieblingsplatz?" Er antwortete: „Dieser Garten". In anderen Worten: Genau *hier* und genau *jetzt!*[2]

Hier ist eine zweite Übung: Schaue dich um und finde etwas Kleines und Schönes. Freue dich an ihm, bleibe eine Weile bei ihm, sei dankbar für es und ruhe in dir selbst. Ist das schwierig? Dann musst du das definitiv üben und, während du das tust, hast du einen wichtigen Schritt hinauf auf deinen inneren Berg getan.

---

[1] James Oppenheim, Dichter

[2] Sein Garten ist außerdem außerordentlich schön. Barbara Binghams Crystal Hermitage Gardens ist ein eindrucksvolles Zeugnis - ein Buch für den Kaffeetisch mit wunderbaren Fotografien und Sinnsprüchen. (Crystal Clarity PublishersClarity Publishers)).

KREATIVE PAUSE ZUR ARBEIT MIT DEM NOTIZBUCH
» Wiederhole die Botschaft dieses Tages mit deinen eigenen Worten
so klar, wie du kannst.
» Nimm dir einen Augenblick, um darüber nachzudenken, wie sie
auf dich und dein Leben zutrifft.
» Wie kannst du sie praktisch so anwenden, dass du die Qualität dei-
nes täglichen Lebens verbesserst?
» Nimm dein Notizbuch und schreibe das auf.

AFFIRMATION UND ÜBUNG DES TAGES
Für diesen Tag (oder morgen, falls es Abend ist) nimm diese Affirmation und
dieses Verhalten mit dir, ganz gleich, wohin du gehst und was du tust:

„Ich freue mich bewusst
an den einfachen Dingen des Lebens
und bin dankbar."

TAG 3
EIN RATIONALER TAG IST EIN RATIONIERTER TAG
Nutze den Intellekt, dann schalte ihn ab

Die rationale Fähigkeit spielt eine wichtige Rolle in unserem Leben, aber sie
sollte uns sicher nicht bis zu dem Punkt beherrschen, dass wir dabei alles
vergessen über Sein, Freuen, Lieben. Alles hat sein richtiges Größenverhält-
nis, seinen Ort und seinen Augenblick. Warum den Baum, den man sieht,
oder die Musik die man hört, analysieren? Lebt man zu sehr im Intellekt,
quetscht man das Leben aus dem Leben. Shakespeare machte einen guten
Punkt:[3] „Hier zu erörtern ... Warum Tag Tag, Nacht Nacht, die Zeit die Zeit:
Das hieße, Nacht und Tag und Zeit verschwenden".
So, und jetzt habe auch Spaß damit:

Willst du kein
rationell rationiertes Leben leben,
dann rationiere die Ratio!

---

[3] Hamlet

KREATIVE PAUSE ZUR ARBEIT MIT DEM NOTIZBUCH
» Wiederhole die Botschaft des Tages in deinen eigenen Worten so
   klar, wie du kannst.
» Nimm dir einen Augenblick Zeit, um darüber nachzudenken, wie
   es auf dich und dein Leben zutrifft.
» Wie kannst du es praktisch so anwenden, dass du die Qualität dei-
   nes täglichen Lebens verbesserst?
» Nimm dein Notizbuch und schreibe es auf.

AFFIRMATION UND ÜBUNG DES TAGES
Nimm diese Affirmation und dieses Verhalten für diesen Tag (oder morgen,
falls es Abend ist) mit dir, ganz gleich, wohin du gehst und was du tust:

„Mein Herz freut sich,
ohne zu definieren.
Ich koste den Augenblick voll aus.“

TAG 4
EILEN IST ZERSTÖREN....LEBEN OHNE HAST

Lerne, halt zu machen!

Manchmal haben wir keine Chance, als im Leben zu eilen, um unsere
Dinge fertig zu kriegen. Wird Eile jedoch zur Gewohnheit, zu unserer zweiten Natur, dann hat uns unsere moderne Gesellschaft zum Narren gehalten. Widerstehe der allgemeinen Tendenz, durch das Leben zu eilen. Häufig
könnten wir für eine Weile halt machen, wenn wir es nur beschließen würden, könnten ruhig sein und uns an der einzigartigen Schönheit des Lebens
freuen. Ohne diese Haltung und ohne diese Augenblicke der Pause werden
wir das Leben nur unzureichend erfahren. Deswegen denke daran: Haste
nicht! Festina lente war das weise Motto des römischen Kaisers: „Eile mit
Weile!“ So sagte auch der alte Chinese: „Wenn du es eilig hast, dann mache
einen Umweg!“ Sonst wirst du die Diamanten, die dir das Leben bietet, verpassen: kostbar, selten aber unbemerkt.
Es folgt eine wahre und aussagekräftige Geschichte über ein von der
Washington Post durchgeführtes Experiment. Am Freitagvormittag des

12. Januar 2007 trat ein berühmter Virtuose, der Violinist Joshua Bell, der als einer der größten Musiker weltweit erachtet wird, inkognito an der Metrostation L'Enfant Plaza in Washington D.C. auf und spielte auf einer 3,5 Millionen Dollar teuren Violine. Er spielte Bachs Chaconne, eines der schönsten Stücke, die jemals geschrieben wurden. Über tausend Menschen gingen vorüber. Jeder von ihnen hatte die Chance, in diesem unglaublichen Augenblick hinzuhören. Überraschenderweise stieß dieser Auftritt auf wenig Interesse von allen. Jeder eilte vorbei und verpasste diesen seltenen Diamanten des Lebens? Wer schenkte die meiste Aufmerksamkeit? ... Raten Sie für einen Augenblick ... Ja, es handelte sich um ein Kind, um einen drei Jahre alten Jungen. Seine Mutter zerrte ihn eilig hinter sich her, aber der Junge stoppte und wollte den Violinisten ansehen. Zuguterletzt stieß die Mutter ihn grob voran und das Kind begann zu laufen, während es sich wieder und wieder zu Joshua Bell umdrehte. Die gleiche Szene wiederholte sich mit verschiedenen anderen Kindern. Ausnahmslos alle Eltern zwangen ihre kleinen Söhne und Töchter weiterzugehen. Was für eine tolle Erziehung wir unseren Kindern geben! Wir lehren Sie, dumm zu sein, sich selbst um das Leben zu betrügen wegen der (häufig imaginären) Notwendigkeit, zu eilen, zu eilen, zu eilen. Auf diese Weise lehren wir sie, das Leben zu meiden, das auf diesen wertvollen Augenblick, die man das Jetzt nennt, besteht.

KREATIVE PAUSE ZUR ARBEIT MIT DEM NOTIZBUCH

» Wiederhole die Botschaft dieses Tages mit deinen eigenen Worten so klar, wie du kannst.

» Nimm dir einen Augenblick Zeit, um darüber nachzudenken, wie es auf dich und dein Leben zutrifft.

» Wie kannst du es praktisch so anwenden, dass du die Qualität deines täglichen Lebens verbesserst?

» Nimm dein Notizbuch und schreibe es auf.

AFFIRMATION UND ÜBUNG DES TAGES

Nimm diese Affirmation und dieses Verhalten für diesen Tag (oder morgen, falls es Abend ist) mit dir, ganz gleich, wohin du gehst und was du tust:

„Ich ruhe besonnen in mir selbst,
um für die vielen Geschenke des Lebens offen zu sein."

TAG 5
AUF DER GLEICHEN STUFE
WIE DIE STUFENLOSEN MASSEN?

Folge der Masse nicht!

Es folgt eine weitere Lektion aus der obigen Geschichte von Joshua Bell: Folge niemals der Masse. Die Masse liegt immer falsch, wenn es um ein tieferes Verständnis für das Leben geht. Sie hetzt einfach geradeaus, verfehlt stolz das Ziel, während sie nowhere - nirgendwo - ankommt. Die Masse konzentriert sich auf Unwesentliches, hetzt an der großen Melodie des Lebens vorbei, die auf einer unbezahlbaren Violine gespielt wird. Nur eine bestimmte Minderheit, die mit eigenem Schritt und Rhythmus geht, hört diese Melodie: Das können einige Kinder sein, vielleicht „Verrückte" oder eine kleine Gruppe, die den Mysterien des Lebens Beachtung schenkt. Warum nicht die Masse verlassen und sich dieser Minderheit von Menschen anschließen, bei denen es sich um die wahrhaftig Normalen handelt: die Wenigen, welche die Wahrheit suchen und den inneren Berg besteigen? Ein altes aber immer noch gültiges chinesisches Sprichwort ermutigt uns: „Um die Quelle zu erreichen, schwimme gegen die Strömung."
Das folgende kleine Gedicht sagt dies auf unterhaltsame Weise:

Verrückt & Normal

*Die meisten Leute sind normal verrückt,
da sie auf verrückt normale Weise
nicht wissen, aber:
sie können nicht sehen.*

*Manche Leute sind auf verrückte Weise verrückt,
anders als die normal Verrückten,
aber wie die meisten Leute:
Sehen sie nicht.*

*Manche Leute sind wirklich normal,
weit entfernt von auf normale Weise normal,
erscheinen den meisten verrückt, aber:
Sie sehen wirklich.*

KREATIVE PAUSE ZUR ARBEIT MIT DEM NOTIZBUCH
» Wiederhole die Botschaft dieses Tages mit deinen eigenen Worten
  so klar, wie du kannst.
» Nimm dir einen Augenblick Zeit, um darüber nachzudenken, wie
  es auf dich und dein Leben zutrifft.
» Wie kannst du es praktisch so anwenden, dass du die Qualität dei-
  nes täglichen Lebens verbesserst?
» Nimm dein Notizbuch und schreibe es auf.

AFFIRMATION UND ÜBUNG DES TAGES
Nimm diese Affirmation und dieses Verhalten für diesen Tag (oder morgen,
falls es Abend ist) mit dir, ganz gleich, wohin du gehst und was du tust:

*„Ich denke selbst,
und ich bin ich selbst."*

TAG 6
GENÜGSAMKEIT SCHENKT LEBEN,
DIE BEGIERDE BEGRÄBT ES

Entwickele ein zufriedenes Denken

Denke über den folgenden Lehrsatz nach:

*So wie die Begierde ein volles Jetzt begräbt,
wird es von der Genügsamkeit geboren.*

Yogis bezeichnen die Genügsamkeit als oberste Tugend, da sie das Gegenmittel ist gegen Begierde, Ruhelosigkeit, Unzufriedenheit. Genügsamkeit
hilft uns, in diesem Augenblick zu atmen und das beste daraus zu machen.
Es folgt ein wahres Himalajatraining: „Fülle genau diesen Augenblick mit
Zufriedenheit ... und jetzt noch **diesen** Augenblick ... und diesen." Freue dich
daran, lerne davon. Der gegenwärtige Augenblick hinterlässt in uns einen
inneren Eindruck, als ob wir ständig Farbe in ein inneres Bild geben würden.
Sind wir genügsam, während die Jahre vergehen, wird ein farbiges inneres
Bild in uns lebendig bleiben, unser Innenleben füllen und das Gefühl tiefer
Zufriedenheit entstehen lassen.

Zufriedenheit muss geübt werden. Es handelt sich dabei um eine Philosophie des Lebens, die man jeden Tag üben kann. Im Sanskrit heißt sie Santosha, und sie ist eines der wesentlichen Yogaprinzipien, die Pantajali (der Vater des Yogas) in seinen zehn berühmten *Yamas & Niyamas* beschreibt. *Santosha* bringt in der Perfektion „die Verwirklichung von Glück in jedem Atom der Schöpfung und über die Schöpfung hinaus." Es handelt sich um ein *großes* Prinzip, das in anderen Worten kosmische Ergebnisse mit sich bringt.

Sokrates lehrte uns weise: „Genügsamkeit ist natürlicher Reichtum, Luxus künstliche Armut". Denke darüber nach. Zufriedenheit bringt das Glück dieses Augenblicks, während Luxus künstliche Freude ist, die in jedem Augenblick zusammenbrechen kann. Yogananda riet daher zu „einem einfachen Leben und hohem Denken, das zu der größten Freude führt."

Ein anderer großer Geist fügte hinzu: „Wahre Zufriedenheit hängt nicht davon ab, was wir *haben*, eine Tonne war groß genug für Diogenes, aber eine Welt war zu klein für Alexander den Großen". Die ganze Welt läuft Amok, um mehr und mehr Dinge zu besitzen, wobei es sich bei den meisten um *unnötige* Bedürfnisse handelt. Leben Menschen, die so leben, jedoch ihr wertvolles *Jetzt*? Kaum und deswegen sind sie, ohne es zu wissen, die Dummen des Lebens. Es gibt, es ist unnötig zu erwähnen, reiche Menschen, die verstehen, ihr Leben weise und mit Freude zu leben. Das Geheimnis ihrer Freude liegt im Inneren, in ihrem Herzen, ihrer Denkweise und ihrem Bewusstsein. Das gleiche trifft auf arme Menschen zu: Manche sind glücklich und manche nicht. Der Unterschied liegt im Inneren. Es gibt nur einige wenige Bedürfnisse, die jeder hat, die gestillt werden müssen: Nahrung, Schutz, Wärme sowie ein wenig Liebe. Darüber hinaus ist ein glückliches Jetzt das Ergebnis innerer Mechanismen. Ein berühmtes Lied aus Porgy and Bess bringt es perfekt auf den Punkt: „I got plenty of nothing, and nothing's plenty for me!" - „Ich habe genügend nichts. Und nichts ist genug für mich!".

Genügsamkeit ist die goldene Mitte zwischen Abneigung und Festhalten: Diese zwei Unruhestifter machen unser *Jetzt* immer unvollkommener. Genügsamkeit verleiht Ausgeglichenheit, Entspannung, Freiheit, ein inneres Lächeln. Bildet man Genügsamkeit im Herzen, ist es auch eine heilende Medizin für unkontrollierte Emotionen, die sonst häufig das menschliche „Haushaltsdrama" nach sich ziehen:

Brennender Haushalt

Die Dramakönigin schreit hinaus
und der Dramakönig verachtet laut,
hin und her schlagen heiße Flammen aus dem Gemüt
das Haus, es brennt und glüht.

Bald jedoch flaut die Hitze des Dramas ab
und Herzen schlagen in langsamerem Trab.
Das Feuer jedoch weiß schon aus erster Hand
dass, sobald die Dinge falsch laufen, es wieder aufflammt.

Die Dramakönigin schreit hinaus
und der Dramakönig verachtet laut, ...

(das Gedicht hat nie ein Ende!)

KREATIVE PAUSE ZUR ARBEIT MIT DEM NOTIZBUCH
» Wiederhole die Botschaft dieses Tages mit deinen eigenen Worten
  so klar, wie du kannst.
» Nimm dir einen Augenblick Zeit, um darüber nachzudenken, wie
  es auf dich und dein Leben zutrifft.
» Wie kannst du es praktisch so anwenden, dass du die Qualität deines
  täglichen Lebens verbesserst?
» Nimm dein Notizbuch und schreibe es auf.

AFFIRMATION UND ÜBUNG DES TAGES
Nimm diese Affirmation und dieses Verhalten für diesen Tag (oder morgen,
falls es Abend ist) mit dir, ganz gleich, wohin du gehst und was du tust:

„Ich bin zufrieden
unter allen Umständen des Lebens"

TAG 7
WENN DAS WÖRTCHEN „*WENN*" NICHT WÄR

Akzeptiere, ganz gleich, was ist

Genügsamkeit wird schnell durch das Wort **wenn** zerstört. Lass uns den Tatsachen ins Gesicht schauen, einmal und für immer: Das Leben ist niemals
perfekt und es wird auch niemals und für niemanden perfekt sein: „Not one
party has it all right."[4] Etwas Milch wird immer aus unserer Erwartungstasse
verschüttet. Wie leicht es ist wegen dieser verschütteten Milch zu weinen

––––––––––––––––––
[4] Von Hayley Westenra, Sänger

und zu denken: „Ich wünschte, alles wäre anders." Hüte dich ganz besonders vor dem folgenden Gedanken: *„Wenn* dies nur *nicht* passiert wäre!" „Wenn wir nur rechtzeitig dort gewesen wären!" „Alles wäre anders gewesen, *wenn …".*

Wenn nur und *wäre und was wir damit tun* sind nichts als ein riesige Energieverschwendung. Was wir damit tun, ist uns das unvermeidliche *Jetzt* wegzuwünschen. Es ist viel besser, mit einem Lächeln zu sagen, wenn wir können:

Was ist, ist einfach,
und es ist, was es ist.

Das bedeutet nicht, fatalistisch zu sein. Es bedeutet auch nicht, dass wir nicht versuchen sollten, alles auf dieser Welt zu ändern und es bedeutet auch nicht, dass wir gleichgültig werden sollen. Ist eine Situation nicht, wie wir sie gerne hätten, ist es am besten, sie zu akzeptieren und sie nicht wegzuwünschen, sondern konstruktiv mit ihr umzugehen. Mit ihr umzugehen, bedeutet einerseits die Situation von außen oder unsere innere Handlung zu ändern: ein Balanceakt zwischen äußerer Aktion und innere Anpassung. Das *Gelassenheitsgebet* ist ein Juwel: „Gott, gib mir die Gelassenheit, Dinge hinzunehmen, die ich nicht ändern kann, den Mut, Dinge zu ändern, die ich ändern kann, und die Weisheit, das eine von dem anderen zu unterscheiden". Man erzählt eine Geschichte über einen Mann, der mit einem Eimer Milch auf seinen Schultern, von dem er hoffte, dass er ihn verkaufen könne, über den Marktplatz lief. Er rutschte aus, sein Eimer fiel auf den Boden und die Milch lief heraus. Er war jedoch ein Künstler des *Jetzt*. „Miez, Miez", rief er spontan aus, um die Katzen zu rufen, die sich in der Nähe befanden, und ein Fest für sie zu organisieren. Warum nicht von ihm lernen und fragen: Wie kann ich dieser Künstler werden? Wie kann ich das graue Metall der Fakten in das Gold eines positiven Augenblicks verwandeln? Oft bedarf es dafür nur einer anderen Haltung.

KREATIVE PAUSE ZUR ARBEIT MIT DEM NOTIZBUCH
» Wiederhole die Botschaft dieses Tages mit deinen eigenen Worten so klar, wie du kannst.
» Nimm dir einen Augenblick Zeit, um darüber nachzudenken, wie es auf dich und dein Leben zutrifft.
» Wie kannst du es praktisch so anwenden, dass du die Qualität deines täglichen Lebens verbesserst?
» Nimm dein Notizbuch und schreibe es auf.

AFFIRMATION UND ÜBUNG DES TAGES
Nimm diese Affirmation und dieses Verhalten für diesen Tag (oder morgen, falls es Abend ist) mit dir, ganz gleich, wohin du gehst und was du tust:

„Ich akzeptiere, was ist.
Ich sage ja dazu
und mache das Beste daraus."

TAG 8
BEJAHE, AKZEPTIERE, NUTZE DIE GELEGENHEIT

Sage Ja zum Leben

Shakespeare schrieb[5]: „Nicht durch die Schuld der Sterne, lieber Brutus, durch eigne Schuld nur sind wir Untertanen". Unser Leben wird sich nicht einfach ändern, weil wir dieses Buch lesen, zumindestens nicht grundlegend, noch werden unsere Sterne, göttlicher Segen, Balsame, Tropfen oder *sonst etwas* den Zweck erfüllen, wenn wir uns einfach auf unserem Sofa zurücklehnen. Wahre Veränderung kommt nur mit täglicher Praxis. Eine effiziente Praxis der Selbstveränderung besteht einfach darin, dass wir an unseren festen inneren Mustern arbeiten, sie Stück für Stück ändern, statt ihr „Untertan" zu sein.
Hier folgt eine gute Übung: Versuche, dir der folgenden Tendenz in deinem Herzen und deinem Kopf bewusst zu werden: *Ich würde gerne woanders sein.* Gehen wir einmal davon aus, du bist bei der Arbeit, gehst deinen alltäglichen Aufgaben nach und es ist nicht angenehm. Du schaust ständig auf die Uhr: Wann kann ich endlich gehen? Ich wäre gerne zurück zu Hause um …. zu tun (du setzt etwas in die Lücke). Achte auf diese Tendenz! Sobald du sie bemerkst, erkenne sie als etwas, das dein Leben abtötet, als einen Anti-*Jetzt*-Faktor, als eine versteckte und ungesunde Tendenz und jage sie mit aller Kraft weg: „Geh raus aus mir!"
Das ist aber noch nicht genug. Man muss auch das Gegengift trinken. Jeder giftigen Tendenz muss man mit einem unbeschwerten Gegengift entgegenwirken. Was ist in diesem Fall das Gegengift? Es ist die sofortige Frage: „Wie kann ich es schaffen, dass dieser Augenblick mein Freund wird?" Möchtest

---

[5] aus Julius Caesar

du, dass dieser langweilige Augenblick dein Freund ist, dann werde ein Künstler und gehe kreativ mit dem *Jetzt* um. Frage: „Wie kann ich diesen grauen Augenblick interessant, lustig und ausgefüllt gestalten?" Sage: „*Dies* ist mein einziger Augenblick, um zu leben. *Dies* ist meine Chance. *Dies* ist mein Leben. Ich möchte ihn weder verpassen noch ihn wegstoßen. Lass mich das Beste aus *diesem* Augenblick machen." Kurz gesagt: „*Sage JA zum Leben, unter allen Umständen!*"

Sage JA zu einer schwierigen Situation, denn sie wird dich etwas lehren, wenn du ihr offen begegnest. Sage auch in dunklen Zeiten JA und verlier niemals die Hoffnung.[6] Sage JA nicht nur zur warmen Sonne sondern auch zum Regen und zur Kälte und zur Nacht. Sage JA, wenn du nicht verstehst, was mit dir geschieht. Sage JA, wenn dir etwas seltsam erscheint. Sage JA zum Heute, ganz gleich, welche Farbe es hat. Sage JA zu allen, die du triffst, und nicht nur zu diejenigen, die du magst. Sage *auf jeden Fall* JA zum Leben, auch wenn du dich nicht so fühlst.

» *Lese den obigen Absatz nochmal, da er von großer Wichtigkeit ist.*
Er enthält eine Kraft, die es vermag, das Leben zu ändern.

Ist das Leben gerade wirklich hart, dann versuche, dein JA nicht zu verlieren. Versuche zu sagen: „Das ist meine Gelegenheit, zu lernen, zu wachsen, mich zu ändern, stärker zu werden!" Lass deinen Kopf nicht hängen. Werde stärker und stehe auf, sobald es möglich ist. *Lass dich nicht vom Leben besiegen. Besiege das Leben!* Du kannst die Prüfungen bestehen, ganz gleich, wie hart sie sind, wenn du deine innere Stärke in Anspruch nimmst. Eine größere Kraft liegt in dir begraben und ist stärker als jede störende Energie. Nutze die Affirmation: „Die Gefahr und ich, wir wurden gemeinsam geboren, aber ich bin stärker als die Gefahr!" Leiden, das man mit dieser Stimmung annimmt, kann das beste (und häufig das einzige) Sprungbrett zum Sieg werden. Unser Sieg wird aus größerer innerer Stärke und Freude bestehen: Funkelnde Juwelen, die unser *Jetzt* verzieren, es königlich und majestätisch machen, passend zu einem König des Lebens, der in seinem eigenen inneren Königreich siegreich ist.

Unser JETZT ist vielleicht zunächst kraftlos, aber es wird mit der Zeit stärker. Es wird funktionieren, daran besteht kein Zweifel. Wir wären gerne anderswo oder hätten gerne, dass es anders ist. Lasst uns diese Tendenz verscheuchen. Das Leben wartet mit enormer Fülle auf uns, aber nur *hier* und nur *jetzt*. Wir haben *nur diesen* Augenblick zum Leben. *Jetzt* ist die *einzige* Zeit, die wir haben, da morgen, sobald es angebrochen ist, auch ein anderes *Jetzt* sein wird.

---

[6] „Often when hope is darkest, your life, like the night-veiled sky, is only preparing for the dawn." In etwa: „Oft, wenn die Hoffnung am Dunkelsten ist, bereitet sich unser Leben wie der Himmel unter dem Schleier der Nacht nur auf die Dämmerung vor." Aus der Metaphernsammlung Images of Wisdom von Swami Kriyananda (Crystal Clarity Publishers).

KREATIVE PAUSE ZUR ARBEIT MIT DEM NOTIZBUCH

» Wiederhole die Botschaft dieses Tages mit deinen eigenen Worten so klar, wie du kannst.
» Nimm dir einen Augenblick Zeit, um darüber nachzudenken, wie es auf dich und dein Leben zutrifft.
» Wie kannst du es praktisch so anwenden, dass du die Qualität deines täglichen Lebens verbesserst?
» Nimm dein Notizbuch und schreibe es auf.

AFFIRMATION UND ÜBUNG DES TAGES

Nimm diese Affirmation und dieses Verhalten für diesen Tag (oder morgen, falls es Abend ist) mit dir, ganz gleich, wohin du gehst und was du tust:

*„Die Gefahr und ich, wir wurden zusammen geboren,
aber ich bin stärker als die Gefahr!"*

TAG 9
PING PONG

Zeit für ein kleines Gedicht

Während wir auf diesem Himalajaplateau spazieren gehen, erscheint ein farbenfrohes Schild auf unserem Weg. Es sagt:

PING PONG

*Die Sonne kommt strahlend und warm heraus
Aber dann kommt die kalte Nacht
Das Leben von heute lächelt, das Morgen sieht finster aus
Denn Dunkel und Licht, sie wechseln sich ab.*

*Dieses rauf und runter reißt nicht ab
Unverändert, immer dieselbe Aktion
Ping, pong, ping, pong, in pausenlosem Trab
Des Lebens ständiges spielerisches Ping Pong.
Bist du der nach rechts und links geworfene Ball
Hoch und runter, völlig dual?*

Geworfen – PING – um hier erst zu lächeln
Dann – PONG – in harte Tränen auszubrechen?

Unsere Begierde geht wie das Ping Pong
Niemals lange froh und heiter
Zuerst ist es glücklich, dann voller Frustration
Ping Pong und immer so weiter.

Ist der Millionär ein glücklicher Mann?
Nicht, wenn er dieses Lied singt:
„Wohin fliegt der Ball meines Lebens dann?
Zu PONG oder zu PING?"

Die Welt ist der größte Ping-Pong-Tisch
Aber seid nicht sein hilfloser Ball
Seid stark im Herzen und weise denkerisch
Vermeide den Aufstieg und den Fall.

Sagt das Leben PING, dann sag: „mir geht es gut";
Sagt es PONG, dann freudig sei
Sage „ich bin trotzdem frohgemut"
dein Ball ist dann völlig frei!

Der Popstar singt hoch die Emotionen
Die Gesellschaft sagt „kauf'"
Völlig erledigt von diesen verrückten Sklavereiaktionen
*Aber du sei **Jetzt** wohlauf!*

KREATIVE PAUSE ZUR ARBEIT MIT DEM NOTIZBUCH

» Wiederhole die Botschaft dieses Tages mit deinen eigenen Worten
  so klar, wie du kannst.
» Nimm dir einen Augenblick Zeit, um darüber nachzudenken, wie
  es auf dich und dein Leben zutrifft.
» Wie kannst du es praktisch so anwenden, dass du die Qualität deines täglichen Lebens verbesserst?
» Nimm dein Notizbuch und schreibe es auf.

AFFIRMATION UND ÜBUNG DES TAGES

Nimm diese Affirmation und dieses Verhalten für diesen Tag (oder morgen, falls es Abend ist) mit dir, ganz gleich, wohin du gehst und was du tust:

„Ich bin in der Sonne
und auch im Regen des Lebens glücklich!
Ich führe ein glückliches Leben!"

TAG 10
FÜR UNSER MATHEMATISCHES DENKEN: EIN DIAGRAMM

Verzehre dich nicht nach Höhepunkten der Zufriedenheit

Bald erscheint ein weiteres Schild auf dem Pfad. Dieses hier ist schwarz und weiß angemalt. Es enthält ein mathematisches Diagramm und einen Text: „Poesie und Musik stimulieren die rechte Seite des Gehirns, während das rationale Denken die linke Seite stimuliert. Beide werden gebraucht.
Hier folgt ein Diagramm der linken Seite, das aufzeigt, wie ein durchschnittlicher Mensch versucht, die Zufriedenheit in seinem Jetzt zu vergrößern und wie ein bewussterer Mensch mit derselben Aufgabe um geht."

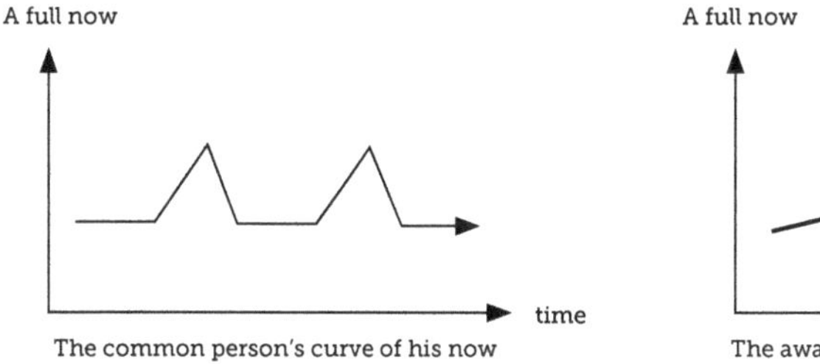

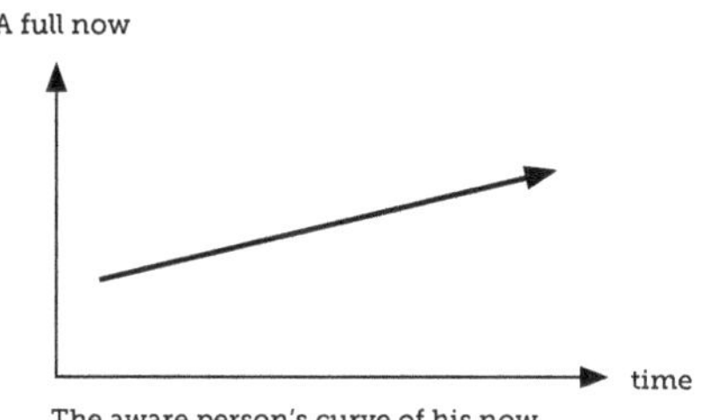

Der Durchschnittsmensch sucht die Erfüllung in Spitzenmomenten: in einem Orgasmus, dann vielleicht in einem herrlichen Tor während eines Fußballspiels, dann in dem wunderschönen zweiwöchigen Urlaub auf Capri oder sonst wo. Dem „Spitzenmoment", dem aufregenden *Jetzt*, folgt immer ein Abstieg hinunter auf ein normales langweiliges Niveau. Deswegen muss er einen neuen Spitzenmoment suchen, der leider wieder vergehen muss. Der bewusstere Mensch arbeitet anders: In jedem noch so banalen Augenblick arbeitet er geduldig und konstant daran, die Qualität des *Jetzt* zu verbessern, ein *Jetzt* nach dem anderen, um es lebendiger, bewusster und schöner zu machen. Er hebt so die Qualität des *Jetzt* allmählich und gleichmäßig an auf ein konstant höheres Niveau und gestaltet sein Leben zu einer höheren Oktave um. Ein einfaches Leben reicht ihm völlig aus.

KREATIVE PAUSE ZUR ARBEIT MIT DEM NOTIZBUCH
» Wiederhole die Botschaft dieses Tages mit deinen eigenen Worten
  so klar, wie du kannst.
» Nimm dir einen Augenblick Zeit, um darüber nachzudenken, wie
  es auf dich und dein Leben zutrifft.
» Wie kannst du es praktisch so anwenden, dass du die Qualität dei-
  nes täglichen Lebens verbesserst?
» Nimm dein Notizbuch und schreibe es auf.

AFFIRMATION UND ÜBUNG DES TAGES
Nimm diese Affirmation und dieses Verhalten für diesen Tag (oder morgen,
falls es Abend ist) mit dir, ganz gleich, wohin du gehst und was du tust:

„Jeden Augenblick verwandele ich bewusst in Gold,
gleich hier und gleich jetzt."

TAG 11
LASS DIE VERGANGENHEIT VERGANGEN SEIN!

Befreie dich von Erlebnissen aus der Vergangenheit

Eine größere Lehre, aus der obigen Geschichte, besteht darin, die Vergangenheit hinter sich zu lassen und sich für den Sonnenschein des *Jetzt* zu
öffnen. An diesem Punkt kommen wir zu einem zentralen und wichtigen
Thema auf unserer Wanderung zum Gipfel des Lebens. Lasst uns, bevor wir
weitergehen, für einen Augenblick rasten, so wie man das bei jeder Bergwanderung tut. Eine Pause machen, durchatmen, den Sonnenschein genießen, unsere Kräfte sammeln, um die folgenden Gedanken aufzunehmen.
Bleibe nicht in der Vergangenheit stecken: bedauere sie nicht und suhle
dich auch nicht in ihr. Sonst leben wir im *Erinnerungsland*, was bedeutet,
dass wir in Wirklichkeit im Geist, in einer virtuellen Welt, in einem inneren
Film leben. In der Zwischenzeit läuft das wahre Leben an uns Tag für Tag
vorbei und wir sind blind für das *Jetzt*, während wir unseren inneren Film
ansehen.
„Aber", lautet die Frage, „was ist falsch daran, im Land *des Geistes/der Fanta-*
sie zu leben? Was ist falsch daran, in guten Erinnerungen zu leben, in Gedan-

ken, in der Fantasie, in Büchern oder sogar vorauszuplanen?" Die Antwort lautet: Nichts! Der Geist ist wie ein Schraubenzieher. Er ist ein notwendiges Werkzeug für das Leben. Die Antwort auf die Frage besteht jedoch aus einer neuen Frage: Hältst *du* den Schraubenzieher oder hält der Schraubenzieher dich und schraubt dich die ganze Zeit zu? Wollen wir gute Handwerker sein, dann müssen wir lernen, mit unserem geistigen Schraubenzieher und mit dem unserer Vergangenheit umzugehen. Hier kommen einige wertvolle Tipps, damit wir das gut machen können.

1. Schicksalsschläge: Ja, ein gebrochenes Herz (um einen großen Schlag zum Beispiel zu nehmen) ist ein harter Moment und Trauer ist etwas ganz Natürliches. Trotzdem lass sie nicht länger dauern als erforderlich, indem du versuchst, nicht an sie zu denken. Stattdessen ist es sinnvoll, dass wir uns beschäftigen und unseren Geist auf etwas anderes lenken. Die Vergangenheit muss gehen! Lasst uns vorangehen. Sonst nähren wir unbewusst unsere Vergangenheit und geben ihr Kraft, wodurch dann unser Jetzt zerstört wird.
Eine gute Haltung, um dies zu erreichen, besteht darin:

> *Das Vergangene ist vergangen*
> *Begraben im gestrigen Grab*
> *Die Gegenwart gehört mir*
> *Ich werde wiedergeboren*
> *in jedem Augenblick, an jedem Tag.*

Jahrhundertelang sangen große Sänger Hymnen über die unsterbliche Liebe wie: „Ich würde jedes meiner Morgen gegen ein einziges Gestern eintauschen. Damit ich Bobbys Körper ganz nah an meinem halten könnte...".[7] Solche Worte und Lieder berühren uns tief, denn wir können uns alle an die Sehnsucht nach einer großen verlorenen Liebe erinnern, als wir in Tränen der Erinnerung aufgelöst auf das Hoffnungslose hofften. Die romantische Liebe jedoch mit ihrem Wechsel zwischen Hochgefühl und Schmerz ist in Wahrheit eine bedeutungslose Liebe im Vergleich zu der Erhabenheit und Heiligkeit wahrer Liebe. Die Liebe wurde durch den Menschen gekreuzigt. „Wahre Liebe ist von grenzenlosem Ausmaß!" Liebe ist für manche viel mehr als ein persönliches Gefühl.
„Genauso wie das Öl überall in der Olive vorhanden ist, so ist auch die Liebe in jedem Teil der Schöpfung vorhanden", lehrte Yogananda. Wahre Liebe ist göttlich. Sie ist nicht nur süß, aber sie ist auch eine kosmische Kraft. Wir erdrücken sie, wenn wir sie auf einen Menschen oder auf

---

[7] „I'd trade all of my tomorrows for one single yesterday, to be holding Bobby's body next to mine...." Me and Bobby McGee, berühmt gemacht von Janis Joplin

wenige Personen, auf die Vergangenheit oder auf eine Ausdrucksform der Liebe (in diesem Fall die romantische Liebe) beschränken. Wahre Liebe steht über dem Verlangen und der Verliebtheit. Sie verletzt niemals. Es ist unsere Dummheit, die wehtut. Wahre Liebe ist immer neu, großzügig, gebend, nicht wollend, und sie ist ein Ergebnis von Nichts außer der Freude. Denk darüber nach, denn das hier ist schwierig! Wahre Liebe ist eine der größten Herausforderungen des Lebens. Solange wir mit unserer Liebe in der Vergangenheit leben, und solange wir Schmerz fühlen, haben wir einfach nicht verstanden, was Liebe ist. Daher muss die Schule der Liebe weitergehen, bis unser Herz lernt, erfüllt mit wahrer Liebe ständig im Jetzt zu lächeln. Weint unser Herz ständig einer verlorenen Liebe nach, dann erzählt uns die Schule der Liebe: „Lass los und liebe trotzdem." Hier folgt eine nützliche Technik, mit der man das lernen kann: Sitze still und halte deine Wirbelsäule gerade. Beruhige dich für einige Augenblicke. Dann visualisiere eine Schnur, die von deinem Herzen zu dem anderen Menschen geht und ihn/sie an dich bindet. Stelle dir vor, dass du eine Schere nimmst und diese Schnur entschieden durchschneidest. Jetzt spüre und freue dich: Mein Herz ist *frei*, meine Liebe ist *frei*! Die Liebe ist noch da, aber sie ist entfesselt. Deine Liebe ist wahr geworden, glücklich und frei. Sage dir mit diesem befreienden Gefühl im Stillen die folgende Affirmation:

> *„Meine Liebe ist schön, rein und fröhlich.*
> *Ich lebe Liebe auf viele Arten und in vielen Formen.*
> *Meine Liebe ist frei."*

2. Wunderbare Augenblicke im Leben. Wir müssen auch lernen, wie wir den Schraubenzieher sicher in den Händen halten, wenn es um wunderbare Erlebnisse in unserem Leben geht. Ist uns etwas Wunderbares passiert oder haben wir etwas fantastisch gut gemacht, dann gilt weiterhin dieselbe Lehre wie oben: Putze die Tafel und denke fest daran: „Ich werde wiedergeboren in jedem Augenblick, an jedem Tag." Vermeide es, der wunderbaren Vergangenheit nachzuhängen und sie zu deinem stolzen Altar zu machen. Es ist natürlich besser, positiven Erinnerungen nachzuhängen als Negativen. Das ist sogar eine Therapie, um ein glücklicherer Mensch zu werden. Aber warum nicht frei in dem stets frischen Augenblick gehen, den man Jetzt nennt, anstatt mit einem Bein im Jetzt und mit dem anderen in der Erinnerung an die Vergangenheit zu stehen? So kommen wir niemals ruhmreich durch das Leben. Wir beschränken uns auf wenige Augenblicke des Glücks. Lass uns jetzt glücklich sein!

Denke daran:

Zeitvertreib
Manche Menschen haben keinen Zeitvertreib
Sondern leben in der Vergangenheit
Der einzige Zeitvertreib besteht jedoch
*In der **Jetzt**-Zeit.*

3. ***Groll:*** Macht uns jemand wütend und kochen wir innerlich, dann ist unser Geist aufgewühlt, wir durchleben die Szene immer wieder von Neuem: Lass uns den Tatsachen ins Gesicht sehen: Die Vergangenheit schraubt uns heftig nach oben. Wir müssen wieder den Schraubenzieher anwenden! Das hier ist ein ***neuer*** Augenblick. Wir müssen uns mit all unserer Macht von der dunklen Farbe der Vergangenheit befreien. Ein Gedanke läuft vielleicht weiter oder vielleicht wird unsere Energie zu etwas, das unsere innere Emotionsfestplatte verändert. Es ist ein Kampf, den wir gewinnen müssen. Falls es hilft, dann denk: Wenn ich mich ***hoch***schrauben lasse, dann zieht mich das he***runter***! Eigentlich sollte der Ausdruck auch lauten: Ich werde „runtergeschraubt!")

4. ***Der Mythos von der Jugend:*** Glaube niemals dem Mythos, dass dies die beste Zeit des Lebens ist (und für viele von uns war). Jede Etappe des Lebens hat ihre eigene Schönheit. Wir müssen aus dem Gefängnis der schönen verlorenen Vergangenheit ausbrechen und in die Freiheit, die man Jetzt nennt, hinübergehen. Gehe an der Vergangenheit vorüber, lebe jetzt das Jetzt. Das Leben im Jetzt erfordert ein Nicht-Festhalten an alten Erfahrungen, ganz gleich, wie schön diese gewesen sein mögen, sodass wir voranfließen und uns an neuen Geschenken freuen können, die uns das Leben im jetzigen Augenblick bietet. Swami Kriyananda schrieb ein schönes, passendes Lied: Life flows Like a River. Hier folgt eine Übersetzung des Textes:

Das Leben fließt voran wie ein Fluss
Der zum Meer heimkehrt:
Eine Stunde springt er Bergtäler hinab
Eine Stunde windet er sich durch die Aue.

Es gibt kein Trödeln
Man kann die Zeit nicht überreden, stillzustehen.
Szenen treiben an uns vorbei wie im Traum
Halte dich nicht daran fest: Nichts
davon wird dein Zuhause sein.

Sei nicht traurig, dass du alleine bist
Gehe in dein Inneres, denn dort ist dein Zuhause.

5. ***Bedauern:*** Hast du etwas wirklich Schreckliches getan, von dem du hoffst, dass du es niemals getan hättest? Das ist uns allen schon passiert. Lass dir davon keinen Streich spielen. Ja, wir haben daraus gelernt. Dann entscheiden wir, es nicht wieder zu tun und entschuldigen uns aufrichtig. Dann lassen wir unsere Dummheit los und bauen eine neue und bessere Zukunft auf durch unser positives Handeln. Klammern wir uns an unserer „Sünde" fest, füttern wir sie nur mit mehr Energie.

Eine Frage, die dabei aufkommen könnte: „Sollte ich die gesamte Vergangenheit ablehnen, fast wie etwas Übles, weil sie mein Jetzt tötet?" Natürlich nicht. Die Vergangenheit ist kein Übel für uns. Sie ist ein kristallklarer Lehrer, vorausgesetzt, dass sie uns nicht beherrscht und dass wir nicht auf der Leinwand unserer Vergangenheit festgeschraubt werden.

Die Vergangenheit abzulehnen, wäre ein extremes Verhalten. Extreme Philosophien bringen selten gute Früchte: Denke daran:

> *Jede gute Philosophie*
> *ist ausgewogen, praktisch und nützlich.*
> *Jede extreme Philosophie*
> *wird unmenschlich, unnatürlich oder unrealistisch.*

Geht es um unsere bedauernswerten Fehler aus der Vergangenheit, brauchen wir eine ausgewogene Philosophie: Nutzen wir sie zum Wachsen, analysieren wir, was passiert ist, und entscheiden wir, was wir ändern möchten. Dann seien wir fröhlich und gehen nach vorne ... und der Schraubenzieher gehört uns!

6. ***Festhalten an unserem Leid.*** Eine weitverbreitete Tendenz von uns Menschen ist es, unseren Kummer für Tage, Wochen, Monate, manchmal Jahre wie einen mit Steinen gefüllten Rucksack mit uns herumzutragen. Die Strecke, in der wir diesen schweren Rucksack auf unserer Himalajabesteigung mit uns tragen müssen, kann erheblich verkürzt werden, wenn wir uns so verhalten, wie in dieser Geschichte gezeigt wird: Swami Kriyananda war mit seinem Auto mit Freunden zum Skifahren unterwegs. Die Straße war plötzlich vereist. Als das Auto ins Rutschen kam, bremste Kriyananda abrupt, und rammte einen Greyhound-Bus. Niemand wurde, aber das Auto hatte einen Totalschaden (während der Bus noch nicht einmal einen Kratzer erlitten hatte). Die Gruppe stieg aus, nahm ihre Skiausrüstung, und stieg einfach in den Bus, um zu ihrem Ziel zu kommen. Andere Passagiere gaben ihr Mitgefühl über Kriyanandas Pech zum Ausdruck: „Oh, wie schade, du hast dein Auto völlig zu Schrott gefahren!" Er antwortete fröhlich (das ist eine wahre und unvergessliche Geschichte): „In einer Woche bin ich ohnehin wieder froh! Warum soll ich also eine Woche vergeuden? Mir ist es lieber, jetzt gleich froh zu sein!" Es wurde ein herrlicher Skitag.

Yogananda kannte eine Frau, die einmal eine Blinddarmoperation durchlebt hatte. Jedes Mal, wenn er sie traf, beschrieb sie ihm anschaulich den Schrecken dieser Operation, die Furcht vor den Ärzten, Skalpellen und dem herannahenden Geruch der Anästhesie. Zuerst fühlte er mit ihr mit, weil er dachte, dass sie die Operation erst vor Kurzem hinter sich gebracht hätte. Je häufiger er mitfühlte, desto anschaulicher beschrieb sie jedoch die schreckliche Tortur der Operation, was jedes Mal von mehr Jammern und Seufzen begleitet wurde. Argwöhnisch geworden fragte er letztendlich: „Madam, wann haben sie sich dieser schrecklichen Operation unterzogen?" „Gerade einmal vor zwanzig Jahren", antwortete sie, „aber es fühlt sich an wie gestern und hat mich seitdem immer gequält." „Ah, jetzt verstehe ich, Madam", antwortete Yogananda mit einer Mischung aus Humor und Nachdruck: „Sie wurden nicht nur einmal vor zwanzig Jahren operiert, sondern sie haben sich dieser Blinddarmoperation 20 Jahre lang an jedem Tag unterzogen. Das sind 7300 Male. Schneiden Sie ihn endlich heraus!"

Yoganandas nachdrückliche Worte rüttelten ihr Gewissen auf und zogen sie aus ihrer tiefen Negativität. Sie weinte und lachte und sagte: „Zum ersten Mal wurde ich um die tägliche Wiederholung dieser Operation gebracht. Ja, ich habe mich dieser OP 7.300 Mal unterzogen, wie Sie sagen. Und jetzt weigere ich mich, wieder operiert zu werden."

Machen wir uns ihre Lösung zu eigen und weigern wir uns, im Krankenhaus der Erinnerung auf dem Operationstisch zu bleiben

7. ***Völlige Beherrschung des Schraubenziehers:*** Die Kontrolle des Verstandes, der kontinuierlich in der Vergangenheit und der Zukunft festhängt, ist natürlich keine leichte Aufgabe. Der Geist ist ein Filter, der die reine Leinwand des *Jetzt* färbt. Jeder von uns schaut mit seiner eigenen selbst gefärbten Sonnenbrille auf die Welt und macht sie rot, blau, grün, grau, schwarz oder weiß (um es figurativ auszudrücken). Die Welt *existiert* einfach und unser Verstand färbt sie ständig ein. Yogis lehren, wie man den Verstand kontrolliert und willentlich anhält. Sie sagen, dass wir das Leben so viel besser und intensiver erfahren. Das beste Gefühl für das *Jetzt* kommt, wenn das Denken angehalten wird. Sicher haben wir alle bereits so einen intensiven unbekümmerten Augenblick erfahren: Während eines atemberaubenden Sonnenuntergangs, auf einem Berg, in einem Augenblick allerfüllender Liebe oder in einem Moment der Gefahr, vielleicht in einem Augenblick intensiver innerer Ruhe oder in einsgerichteter Konzentration. Der Geist war ruhig und das Leben war so lebendig, wie niemals zuvor. Es war das *reine* Leben, ohne den Filter des Verstandes.

Ohne Verstand bedeutet für Yogis nicht dumm zu sein, sondern „ohne die eingrenzenden Gitterstäbe des Verstandes." Können wir für einen intensiven Augenblick im *Jetzt* ohne Verstand sein (nicht schlafend sondern völlig wach), dann haben wir die Größe des Lebens erfasst. Das ist, worauf Meditation abzielt: Den Verstand anhalten, sich des inneren und äußeren Lebens bewusst werden. Zugegeben, den Verstand zu beruhigen ist eine äußerst schwierige Aufgabe! Dies bedarf täglicher Übung:

Übe jeden Tag mit Verstand
wie man ohne Verstand ist!

KREATIVE PAUSE ZUR ARBEIT MIT DEM NOTIZBUCH

» Wiederhole die Botschaft dieses Tages mit deinen eigenen Worten so klar, wie du kannst.
» Nimm dir einen Augenblick Zeit, um darüber nachzudenken, wie es auf dich und dein Leben zutrifft.
» Wie kannst du es praktisch so anwenden, dass du die Qualität deines täglichen Lebens verbesserst?
» Nimm dein Notizbuch und schreibe es auf.

AFFIRMATION UND ÜBUNG DES TAGES

Nimm diese Affirmation und dieses Verhalten für diesen Tag (oder morgen, falls es Abend ist) mit dir, ganz gleich, wohin du gehst und was du tust:

„Ich bin frei von der Vergangenheit,
frei für ein glückliches Jetzt,
frei für einen neuen Augenblick."

TAG 12
DIE ZUKUNFT: EIN GEIST, EIN NAGEL, EINE KÜSTE UND EINE TASCHE

Bau dir jetzt eine glückliche Zukunft

Nachdem wir darüber gesprochen haben, nicht in der Vergangenheit hängen zu bleiben, müssen wir fairerweise auch etwas über die Zukunft sagen. Sonst könnte das arme Ding eifersüchtig werden und sich vernachlässigt fühlen!

Es ist besser, keine Astrologen, Medien, Tarotleser oder Handleser aufzusuchen, wenn sie unsere festgelegte Zukunft voraussagen. Die Zukunft festnageln zu wollen sorgt ohnehin dafür, dass sich der Nagel verbiegt: Es funktioniert nicht. Und **können** wir sie festnageln, dann haben wir **uns selbst** an diese Zukunft genagelt, wie an ein Kreuz: kein Spaß, kein Nutzen, kein Leben. Dieser blöde Nagel muss gezogen werden.

Können wir aufhören, an die Zukunft zu denken? Natürlich nicht: Wir müssen unsere Einkaufsliste erstellen. Wir haben unsere Projekte, unsere Ziele, unsere Termine. Der Manager benötigt ein klares Bild von künftigen Entwicklungen, der Farmer sät die Saat aus, um morgen zu ernten, der Athlet trainiert für den Wettbewerb, der Politiker plant eine bessere Zukunft. Und wir alle sollten das Boot unseres Lebens zu einer angemessenen Küste steuern. Ein zielloses Boot wird niemals irgendwohin kommen und wird ins Blaue hinein umhertreiben. Wir müssen Ziele im Leben haben. Trotzdem (und das haben wir auch vorher gesagt): Unser Glück in die Zukunft zu verlegen ist dumm. Es ist besser, unsere Richtung im Leben zu wählen, diese Küste anzusteuern, aber, wenn es darum geht, das *Jetzt* zu leben, dann sei *jetzt* glücklich! Ein guter Entschluss ist: „Ich weigere mich, mein Leben auf später zu verschieben!"

Hier ist die andere Seite der Medaille: Angst vor der Zukunft, Furcht, Sorge. Was bekommen wir davon? Kopfschmerzen, Nervosität, Herzbeschwerden. Wir leben in einer Zeit der Angst und müssen diesen unheimlichen Geist bekämpfen, ihm die Macht nehmen. Entscheide nachdrücklich: „Wenn die Sorgen kommen, dann verjage ich sie." Besiege dieses *„Was wäre, wenn …"*-Phantom mit der Kraft der Ruhe. Umgebe dich mit gelassenen Menschen. Ein guter Rat lautet: Kümmere dich um die Gegenwart, aber lass sich die Zukunft um sich selbst kümmern. Tu dein Bestes jetzt, ganz gleich, was dabei herauskommt. Befreie dich von der Zukunft mit den Worten: „Lass kommen, was auch immer kommen mag".

Jesus lehrte weise: „Sorgt euch nicht um den morgigen Tag!" Aber... (immer dieses „aber"!): Das kann leicht zu einer romantischen Illusion für Träumer werden. Nur ein Dummkopf sagt: „Ich lebe heute sorgenfrei" und handelt so verantwortungslos und schießt die Gesetze des Körpers, des Verstandes und dieser Welt in den Wind. Das Morgen wird bald das Jetzt sein und wird eine bittere Pille sein, wenn wir krank, arm, unerwünscht schwanger, im Gefängnis, unglücklich sind. Es ist weiser und schwierig zu sagen: „Ich lebe ein angemessenes Heute", denn „angemessen" ist niemals alt sondern ist immer jetzt. „Angemessen" klingt vielleicht ein wenig steif, aber in Wahrheit umfasst es ein immenses Spektrum von „glücklich die Regeln brechen" über „geleitet von der Intuition" zu „reifer gesunder Menschenverstand."

Genau genommen, sobald wir die grundlegenden Gesetze des Lebens respektieren, ist die Führung durch die eigene Intuition die sicherste Straßenkarte, mit der man reisen kann, selbst wenn sie manchmal dem gesunden Menschenverstand zu widersprechen scheint. Die Intuition sieht, wo unser Weg uns hinführt, besser als die Vernunft. In anderen Worten: Es gibt eine **kontraproduktive** Weise, den gesunden Menschenverstand zu missachten, die uns direkt auf der Straße zur Klippe führt, und eine **konstruktive** Art, das zu tun: einen besseren Weg zu nehmen. Meditation führt zur Entwicklung unserer inneren intuitiven Straßenkarte.

Malen wir unser *Jetzt* mit emotionalen Extremen an, dann wird uns das nicht dabei helfen, eine glückliche Zukunft aufzubauen. Extreme Emotionen versprechen das grelle Rot und Gelb intensiven Glücks, aber hinterlassen uns letztendlich ein trauriges Grau. Edna St. Vincent Millay, die amerikanische Dichterin mit der „offenen Ehe" und vielen Liebesaffären, traf diese Wahl. Sie schrieb (zugegeben sehr schön):

> *„Meine Kerze brennt an beiden Enden;*
> *Sie dauert nicht die Nacht;*
> *Aber ah, meine Feinde, und oh, meine Freunde --*
> *ein schönes Licht sie macht!"*

Die Frage ist: War sie glücklich? „Vielleicht nicht", könnte man antworten, „aber sie versuchte, das Glück zu finden." Wie wahr. Aber funktionierte ihre Methode? Sogar Epikur, der „Philosoph der Lust", hätte ihr widersprochen. Er schrieb, als er über die längeren Rhythmen des Lebens sprach:

> *Es ist nicht möglich, lustvoll zu leben,*
> *ohne dass man vernunftgemäß, schön und gerecht lebt,*
> *noch vernunftgemäß, schön und gerecht,*
> *ohne lustvoll zu leben.*

Wir leben in einer Zeit, in der viele junge Leute (nachvollziehbar) der alten Moralvorstellungen überdrüssig sind, obwohl sie noch keine Neuen gefunden haben. Die Technomusik bringt es auf einen Punkt: „Ich möchte *jetzt* Spaß und starke Gefühle haben und was kümmert mich das Morgen?" Die Nutzung von Drogen und Alkohol entspricht einer ähnlichen Unreife, dem Verlust der Wurzeln. Das ist herzzerreißend. Sie müssen ihre Lehren aus dem Leben ziehen.

Hier kommt die andere Seite der Medaille: Es gibt nicht *eine* richtige und angemessene Weise, um sich zu benehmen, um unser *Jetzt* zu leben, das in unsere Zukunft mündet. Das menschliche Leben besteht nicht aus Regeln, sondern aus Fleisch und Blut. Es hat viele Farben und wir müssen wir selbst sein und es zulassen, dass andere anders, unbegreiflich und manchmal (für unseren Geschmack) eigenartig sind. Hier kommt ein heikles Beispiel: Manche Menschen, die hitzig sind, sind wie eine lebendige offene Feuerstelle, die schön brennt, und jeder freut sich an ihrem Zauber, aber die Hitze und das Holz werden massenhaft verweht und nachts reicht ihre Wärme nicht lange. Andere, die Maßvollen, sind wie ein Holzofen mit einem Glasfenster, das schnell Geborgenheit und Wärme liefert, aber weniger Flammen aufweist, während das Holz gut genutzt wird und die nächtliche Wärme lange dauert. Noch andere, die Nachdenklichen, sind wie ein Kachelofen, der überhaupt keine Flammen zeigt, aber lange Wärme erzeugt und dafür wenig Holz braucht, die ganze Nacht und auch noch am nächsten Tag Wärme gibt. Die offene Feuerstelle, der Holzofen und der Kachelofen ... um es menschlich zu sagen: Wir sollten froh sein, dass wir sie alle in der Nähe haben.

Ganz gleich, wer wir sind, eines ist sicher: Unser Jetzt ist der Architekt unseres Morgens, das ein gutes Bauen verdient. Abgesehen von den allgemeinen Regeln der Physik (zu viel Essen wirkt sich in der Zukunft als Bauchschmerzen aus), formen wir unsere Zukunft in großem Ausmaß durch das subtile Gesetz des Magnetismus. Gehen wir davon aus, dass Tim im Supermarkt ist und sieht, dass sein Weg links in der Mitte des Gangs durch einen Einkaufswagen blockiert ist. Er regt sich auf und sendet ein unflätiges Wort oder einen ebensolchen Gedanken zu dem schuldigen Kunden. Dann kommt Tom des Weges und findet seinen Durchgang auch versperrt, aber drückt ein freundliches Wort oder einen ebensolchen Gedanken aus. Tim und Tom habe beide Magnetismus erzeugt. Es ist eine Sache der Mathematik. Ihre magnetische Tasche wird vollgestopft und, siehe da, es ist eine magische Tasche: Viele verschiedene „Zufälle" werden ihnen geschehen. Die Welt wird unterschiedlich mit ihnen umgehen. Unterschiedliche Situationen werden sich für sie manifestieren. Güte zieht Güte an, Wut zieht Gewalt an, Großzügigkeit erzeugt Fülle, Liebe geben führt zu Liebe bekommen. Der Gedanke „ich kann" wird Erfolg bringen, der Gedanke „das schaffe ich nicht" wird die Zukunft blockieren. Nichts ist verloren, sondern alles kommt in unsere magnetische Tasche. Das äußere Ergebnis ist nicht immer sofort ersichtlich, da unsere Tasche eine „gemischte Tasche" ist. Verstehen wir jedoch das „Gesetz der Tasche", werden wir am Ende ein besonderes Diplom erhalten: **Architekt der Tasche.** Wir haben verstanden, wie wir unser Leben mit der magischen Tasche des Jetzt gestalten können.

Lasst uns weiter nach oben steigen auf dieses Himalajaplateau, das uns praktisch anwendbare Geheimnisse zeigen möchte, wie wir das *Jetzt* mehr ausschöpfen können.

KREATIVE PAUSE ZUR ARBEIT MIT DEM NOTIZBUCH
» Wiederhole die Botschaft dieses Tages mit deinen eigenen Worten so klar, wie du kannst.
» Nimm dir einen Augenblick Zeit, um darüber nachzudenken, wie es auf dich und dein Leben zutrifft.
» Wie kannst du es praktisch so anwenden, dass du die Qualität deines täglichen Lebens verbesserst?
» Nimm dein Notizbuch und schreibe es auf.

AFFIRMATION UND ÜBUNG DES TAGES
Nimm diese Affirmation und dieses Verhalten für diesen Tag (oder morgen, falls es Abend ist) mit dir, ganz gleich, wohin du gehst und was du tust:

„Ich bin Herr meiner Zukunft,
Ich bin zuversichtlich, entspannt,
positiv und optimistisch.“

TAG 13
DAS ERHABENE NEUE: GEDANKEN FÜR HERRN FESTGEFAHREN UND HERRN EXZENTRISCH

Befreie dich von Gewohnheiten

Nun und Neu sind sicher etymologisch verwandt: **nun=neu!** Das **Nun** bzw. das **Jetzt** ist tatsächlich immer neu, ohne Ausnahme. Diese Tatsache ist eine wundervolle Herausforderung für uns alle: Wollen wir mit dem **Nun**, dem **Jetzt**, in Einklang sein, müssen wir versuchen, in unserem Leben frisch, lebendig und stets neu zu sein. In Form einer Gleichung ausgedrückt:

Jetzt sein = neu sein
Neu sein = spontan sein
Spontan sein = sich von Gewohnheiten befreien

Allerdings: Bestimmte Gewohnheiten sind unsere Freunde, aber je fixierter wir auf unsere Gewohnheiten sind, desto mehr leben wir in einer Zwangsjacke und sind wir unfähig, uns mit dem stets frischen **Jetzt** zu bewegen.

Folgendes wäre eine gute Affirmation für unser Leben, um jeden Tag damit zu beginnen:

> *„Ich habe keine Gewohnheiten*
> *beim Essen, Anziehen, Verhalten.*
> ***Ich bin frei, ich bin frei."***

Warum heute nichts anderes anziehen? Lasst uns mal aus unserer alten Kiste steigen. Warum nicht mit neuer Energie ins Büro gehen, abgesehen von einem neuen Kleidungsstil? Warum unseren Job nicht auf neue und bessere Weise erledigen? Warum keinen Raum in unserem Leben lassen, um spontan und frei zu handeln? Warum keine kleine unvorhersehbare Seite in uns haben? Warum heute keine andere Melodie pfeifen? Es ist leicht, in Trott zu geraten. Ein guter Ansatz, um Herausforderungen zu begegnen, ist: „Was ist der angemessene Weg, sich *jetzt*, in diesem Augenblick, zu verhalten?" Vielleicht haben wir auf ähnliche Herausforderungen immer in einer bestimmten Weise reagiert, während heute ein anderer Weg angemessen ist. Die Welt ändert sich, entwickelt sich weiter, ist immer neu – aber das tun *wir* nicht, wir kommen vom Weg ab. Wir versuchen wie ein Foto zu sein, um so in eine Welt zu passen, die wie ein Film ist. Plötzlich passt unser Foto nicht mehr hinein. Deswegen müssen wir lernen, wie Schauspieler in einem großen Film zu sein und uns anzupassen. Der Regisseur des Films möchte nicht nur, dass wir mit der Handlung mitfließen, sondern dass wir uns mit ihr neu erschaffen. Er möchte jedoch nicht, dass wir unser altes Foto neu erschaffen, da die Regel lautet: *jetzt = neu*. Insistieren wir, dann passt unser Foto nicht in den Film und wir bekommen viele graue Haare.

Geht es um unsere engste Beziehung, dann sollten wir uns nicht selbst zum Narren halten. Die wesentliche Zeit besteht nicht aus den aufregenden Flitterwochen sondern aus der Zeit danach. Dann müssen wir ganz besonders anwenden: jetzt = neu! Sich aneinander zu gewöhnen ist wie schädliches Unkraut und vergiftet langsam alle Liebe. Kreativität und Spaß sind der Dünger, den das Paar benötigt, um die Rose der Liebe am Blühen zu halten, sie duften zu lassen und ihren Zauber zu bewahren. Scheint die Rose alt zu werden, sollte man sich nicht nach einer neuen Blume umschauen. Tun wir dies, sind wir einfach ignorante Gärtner und unsere Rose wird immer welken, immer und immer von Neuem. Der Trick besteht darin, ein neues und frisches Jetzt mit der Rose zu erschaffen, die wir bereits haben. In Indien sagt man, dass wir unseren Seelenpartner nicht finden, sondern dass wir im Laufe der Jahre Seelenpartner werden. Dies klingt vielleicht nicht sehr romantisch, aber es liegt große Weisheit darin: Liebe ist eine Kunst, die des Gärtnerns und der Pflege bedarf.

Also: *jetzt = neu*. Aber ... (hier ist es wieder, dieses ewige „aber"): Wir müssen das richtig verstehen. Das stets Neue des *Jetzt* zu leben, ist, wenn wir uns durch unseren Tag bewegen, eine Kunst, die gelernt werden sollte. Sie besteht aus einem harmonischen Gleichgewicht zwischen **Struktur** und **kreativem Leben**. Sehen wir uns gute Musik an: Sie hat eine Struktur, einen Rhythmus, ein Thema. Gleichzeitig sind innerhalb dieser Struktur reichlich Improvisationen vorhanden. Der Fluss wird frei ausgedrückt, die Inspiration sprudelt. Sehen wir uns die Natur an, erkennen wir das gleiche Prinzip: Einerseits sind da die stets wiederkehrenden Jahreszeiten. Andererseits gibt es innerhalb dieser Jahreszeiten niemals zweimal dieselbe Schneeflocke und sind nie zwei Blätter gleich. Oder sehen wir uns ein gutes Buch oder eine gute Lektüre an: Es gibt hier wieder einen logischen Rahmen, aber da gibt es (hoffentlich) Frische und überraschende, unerwartete Wendungen. Dasselbe trifft zu, wenn wir das ewig Neue des **Jetzt** leben möchten: **Kreativität in der Struktur** ist das anzuwendende Motto. Dieses Gleichgewicht verliert man leicht: Einerseits laufen wir Gefahr, „psychisch antik" zu werden: Stets dieselbe verstaubte Person zu sein, die Tag ein, Tag aus genauso handelt, denkt, lebt. In diesem Fall darf man uns als stolze Besitzer eines antiken Verstands, Herrn oder Frau **Festgefahren** nennen. Andererseits gibt es die Gefahr, einen Stuhl zu haben, der zusammenbricht, sobald man sich auf ihn setzt, oder einen Tisch, der wegrutscht, wenn man versucht, an ihm zu essen (figurativ gesagt). Dies passiert, wenn wir im Namen des Neuseins wurzellos, unpraktisch, sprunghaft werden, niemals beenden, was wir begonnen haben, niemals eine Richtung einhalten, nicht verlässlich, loyal oder vertrauenswürdig sind. In diesem Fall darf man uns Herrn oder Frau **Exzentrisch** nennen!

So trainieren wir innerhalb des Rahmens und der Richtung unseres Lebens und mit Respekt für seine Gesetze, in den kleinen Situationen des Lebens ein Künstler des **Jetzt** zu werden. Das Haus wieder putzen? Warum dafür keinen neuen Weg finden, der Spaß macht. Das Telefon wie jeden Tag beantworten? Eine gute Herausforderung ist: „Wie kann ich das kreativ tun?" oder „Wie kann ich eine frische Melodie sein und harmonisch innerhalb meines Lebenslieds improvisieren?" Sage dir ganz jugendlich: „Ich werde ein Zigeuner sein" und „Ich traue mich, anders zu sein" und „Ich lebe das erhabene Neue", wie Yogananda in diesen poetischen Zeilen vorschlägt:

Das erhabene Neue

Singe Lieder, die niemand gesungen hat
Denke Gedanken, die noch nie gedacht
Gehe auf Wegen, auf denen keiner zu gehen meinte
Weine Tränen, die niemand für Gott weinte
Liebe jeden mit Liebe, die keiner je empfunden hat
Und führe den Kampf des Lebens mit ungebremster Kraft
Gib Frieden allen, denen ihn niemand jemals gab
Sag, dass zu dir gehört, der von allen geleugnet wart.

KREATIVE PAUSE ZUR ARBEIT MIT DEM NOTIZBUCH
» Wiederhole die Botschaft dieses Tages mit deinen eigenen Worten
so klar, wie du kannst.
» Nimm dir einen Augenblick Zeit, um darüber nachzudenken, wie
es auf dich und dein Leben zutrifft.
» Wie kannst du es praktisch so anwenden, dass du die Qualität dei-
nes täglichen Lebens verbesserst?
» Nimm dein Notizbuch und schreibe es auf.

AFFIRMATION UND ÜBUNG DES TAGES
Nimm diese Affirmation und dieses Verhalten für diesen Tag (oder morgen,
falls es Abend ist) mit dir, ganz gleich, wohin du gehst und was du tust:

„All meine Augenblicke sind frisch und neu.
Wie ein Kind
entdecke ich die Welt.
Wie ein Erwachsener
gebe ich ihr Struktur.“

TAG 14
EINE KLEINE GESCHICHTE

Verlasse die Kiste deines Lebens!

Energiewechsel! Jetzt ist Zeit, zum Geschichtenerzählen, um **Spaß** zu haben,
zu leben und uns an unserem inneren Kind zu freuen. Menschen, die keinen Spaß haben, wenn sie ihre Meinungen diskutieren, sind häufig grim-
mige Fanatiker, graue Intellektuelle, wichtigtuerische Egoisten, die immer
denken: ***„Ich weiß!“*** Solche Menschen haben wenig Spaß im Leben und sind
normalerweise unfähig, jegliche Realität zu akzeptieren, die von ihrer Eigenen abweicht, und werden angespannt, wenn man sie mit einer anderen
Meinung konfrontiert. Weisheit dagegen geht mit Entspannung einher, mit
Humor und mit Spaß. Weswegen soll man daher jemandem trauen, der nicht
über sich selbst lachen kann?
Folgende Geschichte, die von einer Freundin von mir verfasst wurde, Fulvia
d'Alessia, befasst sich damit, aus unserer kleinen Kiste auszubrechen, in der
wir lange bequem gelebt haben.

So lasst uns für den Augenblick zu einem Kind werden, alles andere vergessen und einfach Spaß haben. Stellen wir uns vor, wie wir mit vielen anderen Lesern dieses Buchs auf einem Himalajaplateau sitzen, alle kleine Kinder sind und zuhören.

DIE KISTE

Ich möchte dir gerne die Geschichte von drei kleinen Einwohnern erzählen, die in drei kleinen Kisten lebten. Um die Wahrheit zu sagen: Du kannst dir auch vorstellen, dass es sich um ein und dieselbe Person in verschiedenen Lebensphasen handelte. Hier kommt die Geschichte, die folgendermaßen anfängt....

Das kleine Wesen wachte wie an jedem anderen Morgen langsam und schwerfällig auf ... Wie müde es sich nun fühlte. Es war noch nicht einmal dazu in der Lage, ein Auge zu öffnen und mit Freude auf seine liebe Kiste zu schauen, die es sich im Laufe der Jahre so behaglich und komfortabel eingerichtet hatte. Widerwillig saß es auf seinem weichen Bett, zog sich seine Schuhe an und schickte sich nach langem Gähnen an, sich in seiner tollen und superausgestatteten Küche ein leckeres Frühstück zuzubereiten. Als es an der Tür vorbeiging, sah es, dass man ihm aus *DerAußenwelt* ein kleines Paket dorthin materialisiert hatte.

Vorsichtig hob es dieses auf, obwohl es sicher war, dass es sich ohnehin wieder um die übliche Werbung handelte. „Wie lästig", dachte es, „sie schlagen immer *IhreWelt* vor ... Aber verstehen die nicht, dass ich in meiner Kiste völlig zufrieden bin? Verstehen die nicht, dass ich nicht an ihre komischen Versprechungen glaube? Sehen die nicht, dass ich hier sicher bin und dass es mich überhaupt nicht interessiert, zu sehen, was außerhalb von hier geschieht?" Als es dann gegen seine Neugier nicht ankam, öffnete es das Paket, das ein Gerät enthielt, das es überhaupt nicht erkennen konnte, sowie eine Nummer, um das Informationszentrum anzurufen.

Normalerweise gab es diesen niederträchtigen (das dachte es jedenfalls) Tricks *DerAußenwelt* nicht nach, aber dieses Mal machte es der Besitz dieses neuen seltsamen Gegenstands auf seltsame Art glücklich. Am Ende entschied es, das Informationszentrum anzurufen. „Hallo, hier ist das Informationszentrum. Was kann ich für Sie tun?", fragte eine klangvolle Stimme. Auf die Frage des kleinen Wesens hin, antwortete sie: „Aber das ist ganz offensichtlich. Der Gegenstand, der nun innen gehört, ist ein Bohrer, um Löcher anzufertigen. Testen Sie ihn an Ihrer Kiste! Wir bedanken uns für den Anruf und wünschen Ihnen einen schönen Tag." Der Bewohner der Kiste war perplex. „Ein Loch in mein Zuhause bohren? Aber warum? Vielleicht möchten die einbrechen und sie stehlen? Wollen die mich vielleicht überzeugen, dass *DieAußenwelt* besser ist oder halluzinogenes Gas verwenden, um mich dazu bringen, mein Zuhause zu verlassen?" Deswegen nahm es den Bohrer und legte ihn in sein Lager ... Innerhalb kurzer Zeit hatte es ihn vergessen und kehre zu dem Leben zurück, dass es von jeher gelebt hatte.

Das zweite kleine Wesen erwachte auf andere Weise durch den lauten Knall, den das Paket auf seinem Boden hervorrief. Es hatte *DieAußenwelt* auch niemals gesehen, aber um die Wahrheit zu sagen, hatte es immer wieder in einem Anfall von Neugier versucht, sie zu sehen. Aber das war nur vorübergehend. Dann fand es seine Kiste einfach nur schön und für es maßgeschneidert ... Weswegen daher ein Risiko eingehen?

Es fand ebenfalls den Bohrer und versank nach einem Telefongespräch mit dem Informationszentrum in tiefe Gedanken und wog die Pros und Contras der Situation ab. Letztendlich entschied es, ein kleines Loch anzufertigen, gerade einmal so groß, dass es hinausschauen kann, zulässig sei. Aber wo? Es nahm sich eine Leiter und markierte mit einem Bleistift mehrere mögliche Löcher in seiner Kiste. Am Ende entschied es, dass die Decke die beste Wahl sei.

Es brachte den Bohrer in Aktion, der sich vehement zu drehen begann. Dies verlangte ihm mehrere Stunden harter Arbeit und viel Schweiß ab, da die Decke dieser Kiste unglaublich widerstandsfähig war. Am Ende jedoch, nachdem es all seinen Willen, seine Stärke und Energie aufgewendet hatte, gelang es ihm, an der anderen Seite anzukommen. Sein Herz klopfte wie verrückt ... Wie mag *DieAußenwelt* wohl aussehen? War es vielleicht ein großer Fehler, dieses Loch zu bohren? Durch das kleine Loch drang ein besonderes Licht hinein, das extrem schön war: Es warf tausend Farben auf den Boden, die es nie zuvor gesehen hatte, und dann ...

Die Musik ... die Musik, die es nun im Hintergrund hören konnte ... Was für eine himmlische Melodie! Für einen Moment war es entrückt, aber dann begannen die Augen, statt nach draußen zu schauen, die perfekte Rundung des Lochs zu bewundern, das es geschaffen hatte. Wie fähig es doch gewesen war! Was für ein Meisterstück von einem Loch! Die Ecken waren weich, mit einem reinen und perfekten Umriss. Es war so glücklich über das, was es getan hatte, und über seine perfekte Arbeit, dass es völlig vergaß, in das Loch zu schauen und zuzuhören. Stattdessen bildete es die Gewohnheit heraus, es mit einem Korken zu verschließen, und stets, wenn es den Verschluss öffnete, tat es das, um seine außerordentliche Handwerksarbeit zu betrachten.

Das dritte kleine Wesen hörte den lauten Krach auf dem Fußboden seiner Kiste und sprang sofort auf, um nachzusehen, woher der Lärm gekommen war. Es hatte einen Fernkurs über *DieAußenwelt* belegt und war äußerst wissbegierig über all die Dinge, die auf der anderen Seite der Kiste geschehen könnten. Klugerweise wollte es ein wenig mehr darüber wissen, bevor es versuchte, nach draußen zu gehen.

Nachdem es das Paket geöffnet hatte, verhielt es sich wie die zwei Anderen. Sobald es herausgefunden hatte, für was das Gerät gut war, stürzte es sich selbst in die Arbeit, ein Loch in die Wand seines Hauses zu bohren. Wie extrem ermüdend! Es hatte noch niemals so hart gearbeitet. Aber nach all seinen Bemühungen konnte es nach einigen Stunden ein Loch in die Kiste bohren. Es wurde durch dasselbe Licht und dieselbe Musik überflutet, die das andere kleine Wesen zuvor erfahren hatte, und wurde völlig davon absorbiert. Sein Herz fühlte so eine unermessliche Freude, dass es begann, sich vorzustellen, wie *DieAußenwelt* sein könnte.

Es entschied, die Kiste zu verlassen, aber merkte, dass es über keine Tür verfügte. Das war sicher darauf zurückzuführen, dass es bisher alles, was es gebraucht hatte, in seinem Zuhause finden konnte. Nun hatten sich die Dinge geändert: Es fühlte den starken Wunsch, mit seinem ganzen Wesen an dem Glück teilzuhaben, von dem es gerufen wurde.

Es fällte daher die verrückte Entscheidung, über die ganze Kiste hinweg Löcher anzufertigen, obwohl es gut wusste, dass ein Haufen Arbeit auf es wartete. Aber wie sollte es auf etwas verzichten, von dem es von Anfang an gewusst hatte, dass es ihm gehörte? Es arbeitete und arbeitete und arbeitete und jedes Loch brachte mehr Licht und mehr Melodien mit sich. Komischerweise erlangte es mit jedem Loch mehr Stärke und Energie, als ob eine unbekannte Nahrung durch diese Öffnungen hineinkäme.

Nach langer Zeit sah es, dass die Wände und die Decke über und über mit Löchern übersät waren, die es gebohrt hatte. Sie schienen jetzt näher zu kommen und fast Teil seines Körpers zu sein. Sein Erstaunen wurde sogar noch größer, als es langsam merkte, dass auch es selbst Loch für Loch größer geworden war und dass es jetzt gar nicht mehr in die Kiste passte. Es wurde größer und größer und zerbrach in tausend kleine Stücke ... tausend kleine Stücke von geringer Wichtigkeit.

In diesem Augenblick merkte es, mit unermesslicher Freude, dass es jetzt ein anderes Zuhause hatte: unaufhörlich und unendlich.

KREATIVE PAUSE ZUR ARBEIT MIT DEM NOTIZBUCH

» Wiederhole die Botschaft dieses Tages mit deinen eigenen Worten so klar, wie du kannst.

» Nimm dir einen Augenblick Zeit, um darüber nachzudenken, wie es auf dich und dein Leben zutrifft.

» Wie kannst du es praktisch so anwenden, dass du die Qualität deines täglichen Lebens verbesserst?

» Nimm dein Notizbuch und schreibe es auf.

AFFIRMATION UND ÜBUNG DES TAGES

Nimm diese Affirmation und dieses Verhalten für diesen Tag (oder morgen, falls es Abend ist) mit dir, ganz gleich, wohin du gehst und was du tust:

„Mein Geist ist offen für neue Entdeckungen,
neues Verstehen,
neue Wege des Lebens.“

TAG 15
ENERGIE: DIE SONNE UNSERES AUGENBLICKS

Geheimnisse für das Leben mit hoher Energie

Lasst uns nach dieser kleinen Pause zum Geschichtenerzählen wieder aufstehen und mit unserem Thema fortfahren: Wie können wir unser Jetzt, das unser Leben ist, verbessern. Das Schlüsselelement ist Energie. Energie ist wie die Sonne unseres Tages. Sie lässt den Augenblick entweder mehr leuchten, wenn sie völlig scheint, oder dunkler, wenn die Energiesonne von Wolken getrübt wird. Denke darüber nach:

Je höher deine Energie,
Umso heller dein Jetzt.
Je niedriger deine Energie,
Desto trüber dein Jetzt.
Energie = Leben.

Mit anderen Worten: hohe ***Energie*** ist ein wichtiges Werkzeug, um völlig im ***Jetzt*** zu leben. Sonst kann man uns scherzhaft „die Toten, welche die Toten begraben“ nennen, um Jesus anschauliche Worte auszuleihen. Niemand, der nur halb wach ist, kann diesen Augenblick in seiner Tiefe genießen. Existiert jemand, der niedrige Energie hat und wirklich glücklich ist? Das richtige Leben und das Glück erfordern beide ***Energie***.

Aber: Hohe Energie bedeutet nicht gleich Ruhelosigkeit oder Hasten oder außer Kontrolle sein. Ausgeglichenheit & hohe Energie ist die Kombination, um die man sich bemühen sollte. Ausgeglichenheit und hohe Energie sind das perfekte Paar: eine Ehe, die im Himmel geschlossen wurde und die uns auf die große Hochzeitsparty des *Jetzt* einlädt. Diejenigen, die von Natur aus ausgeglichen sind, könnten auf einem ansteigenden Energieniveau arbeiten wollen. Für diejenigen, die von Natur aus sehr viel Energie haben, aber nicht sehr ausgeglichen sind, könnte die Ausgeglichenheit ihr Wegweiser in die Mitte ihrer Energie sein.

„Minuten sind wichtiger als Jahre", pflegte Yogananda zu sagen. Das läuft daraus hinaus: „Die Sekunden sind wichtiger als die Minuten". Es geht dabei um die Intensität des Augenblicks, die mit einem niedrigen Energieniveau nicht erreicht werden kann.

Die natürliche Frage ist: „Was kann ich tun, um ein höheres Energieniveau zu erreichen?" Eine gute Frage, denn wahre Lehren müssen immer praktisch übermittelt werden. Es folgen einige Übungen für den Anfang:

» *Willenskraft:* Trainiere deine Willenskraft, indem du jeden Tag etwas tust, was für dich eine kleine Herausforderung darstellt und versichere dich, dass du es erreichen wirst. Erinnere dich an folgendes Gesetz des menschlichen Lebens: *Je stärker der Wille, desto stärker der Energiefluss.* Sag dir immer: „Ich kann" und „Ich will". Stelle dir zu Anfang keine zu schwierigen Aufgaben, sondern steigere den Schwierigkeitsgrad deiner täglichen Herausforderungen nur allmählich. Habe Spaß daran, als ob du ein Spiel mit dem Leben spielst.

» *Positives Denken:* Positive Gedanken öffnen die Schleusen für Energie, während negatives Denken einen abscheulichen Damm erzeugt. Versuch immer positiv zu sein, ganz gleich unter welchen Umständen. Sage so sehr ja zum Leben und sei so optimistisch und positiv, wie du kannst. Verbringe Zeit mit positiven Menschen.

» *Richtiges Training:* Es wird deinen Körper fit und vital halten. Du solltest jeden Tag schwitzen! Das Minimum an täglicher Übung besteht aus einem zügigen Spaziergang von 1 km Länge (fast eine Meile). Oder trete auf den Stepper in deinem Wohnzimmer oder bring die Pedalen deines Fahrrads zum schwingen. Tue das 15-20 Minuten pro Tag und du wirst einen Unterschied in deinem Energieniveau feststellen.

» *Energetische Ernährung:* Fleisch, Zucker, Alkohol scheinen zwar gute Energielieferanten zu sein, aber wirken sich langfristig als Energiediebe aus. Eine intelligente vegetarische Ernährung ist gesünder und liefert zu 100% Energie. Rohkost liefert die meiste Energie, da sie die meiste Lebenskraft enthält. Je gekochter die Nahrung ist, umso weniger Lebenskraft befindet sich in ihr. Glaube den Märchen nicht, die sagen, dass du Fleisch brauchst, um stark und gesund zu sein. Edwin Moses beweist uns wie andere Athleten eindringlich das Gegenteil. Er gewann ohne die Unterstützung von Drogen Goldmedaillen bei der Olympiade, stellte neue Weltrekorde auf, war zehn Jahre lang unschlagbar und wird als einer der größten Athleten des letzten Jahrhunderts erachtet.... Und das, ohne Mitgeschöpfe zu essen.

» ***Üben zum Aufladen mit Energie:*** Weiter hinten in diesem Buch wirst du spezifische Übungen zum Aufladen mit Energie bzw. zur Steigerung deines Energieniveaus lernen.

„Endlich? Endlich? Warum nicht *jetzt*?" ist die Stimme des Handelns. Verschleppen ist die Stimme der Faulheit. Wir haben das Rüstzeug, um die Sonne unseres *Jetzt* hell scheinen zu lassen. Beginnen wir jetzt damit, das umzusetzen und dann: Viel Spaß beim Sonnenbaden!
Gibt es in diesem Stadium irgendein „Aber" in Bezug auf *Energie*? Natürlich, wie immer! Ist jemand auf hohem Energieniveau nicht entspannt, wird sein *Jetzt* nie von hoher Qualität sein. Entspannung ist ein Muss und Yoga ist ein großartiges Werkzeug dafür!

KREATIVE PAUSE ZUR ARBEIT MIT DEM NOTIZBUCH
» Wiederhole die Botschaft dieses Tages mit deinen eigenen Worten so klar, wie du kannst.
» Nimm dir einen Augenblick Zeit, um darüber nachzudenken, wie es auf dich und dein Leben zutrifft.
» Wie kannst du es praktisch so anwenden, dass du die Qualität deines täglichen Lebens verbesserst?
» Nimm dein Notizbuch und schreibe es auf.

AFFIRMATION UND ÜBUNG DES TAGES
Nimm diese Affirmation und dieses Verhalten für diesen Tag (oder morgen, falls es Abend ist) mit dir, ganz gleich, wohin du gehst und was du tust:

„Ich bin positiv, voller Energie, enthusiastisch!"

TAG 16
LIEBE – DIE GRÖSSTE STIMULANZ DES LEBENS

Lerne den jetzigen Augenblick zu lieben

Die schönste *und* effektivste Stimulanz für hohe Energie ist einfach: LIEBE. Liebe erzeugt automatisch Energie. Hier ein Gedankenanstoß: Hast du keine Energie, kommt das nicht dadurch, dass du diesen Augenblick nicht liebst, deine Arbeit nicht liebst, diese Situation, das Wetter, dich selbst, andere nicht liebst? Dieses Verhalten musst du unbedingt ändern. Enthusiasmus und Liebe könnte man als den *Treibstoff des Lebens* bezeichnen, der bewusst und energisch in deinen Tag geschüttet werden muss. Wer möchte halb tot sein und mit einem 10 KW Auto durch das Leben fahren? Denke über diesen Rat nach:

Liebe zum Leben
und hohe Energie werden unsere Augenblicke
leuchtender und lebendiger machen.

Hohe Energie, die durch Liebe entsteht, ist auch wesentlich dafür, unser spirituelles Innenleben strahlend und schön zu machen. Ein langjähriger Schüler fragte seinen Lehrer: „Warum erfahre ich nicht diese tiefe innere Ruhe, über die du immer sprichst?" Der Lehrer antwortete ernst: „Diese Stille ist nur für diejenigen, die ein hohes Energieniveau erreicht haben." In der Tat schreibt Patanjali (der Vater des Yoga): „Erfolg wird von denen, die starke Energie haben, schnell erreicht."[8]

KREATIVE PAUSE ZUR ARBEIT MIT DEM NOTIZBUCH
» Wiederhole die Botschaft dieses Tages mit deinen eigenen Worten so klar, wie du kannst.
» Nimm dir einen Augenblick Zeit, um darüber nachzudenken, wie es auf dich und dein Leben zutrifft.
» Wie kannst du es praktisch so anwenden, dass du die Qualität deines täglichen Lebens verbesserst?
» Nimm dein Notizbuch und schreibe es auf.

---

[8] Yoga Sutras, 1-21

AFFIRMATION UND ÜBUNG DES TAGES
Nimm diese Affirmation und dieses Verhalten für diesen Tag (oder morgen, falls es Abend ist) mit dir, ganz gleich, wohin du gehst und was du tust:

„Ich bin verliebt in das Leben,
*Ich **liebe** das Leben!"*

TAG 17
LEBEN ATMEN, LEBENDIGER ATEM

Lerne, tief zu atmen

Unser Atem steht in tiefer Verbindung mit der Weise, in der wir unser Jetzt leben. Hier folgt eine weitere Übung für das Selbststudium: Beobachte dich selbst und erforsche wie ein Wissenschaftler, wie die Qualität deines Atems die Qualität deiner Gedanken, deine Haltung, dein Energieniveau und deine Fähigkeit, dich vollständig am Hier und Jetzt zu erfreuen, beeinflusst. Angenommen, du hast ein Problem. Beobachte, wie du die Situation mit langem Einatmen verbessern kannst: Das wird sofort dein Energieniveau ankurbeln. Beobachte, wie sich demzufolge deine Haltung ändert. Das ist wissenschaftlich. Dann gilt für den ganzen Tag folgende Richtlinie:

Atme tief
und du atmest automatisch
in deinen Tag.

Atmen wir andererseits gewohnheitsmäßig flach, weist das auf eine Tendenz hin und verstärkt diese, dem Leben ***aus dem Weg zu gehen*** und diesem jetzigen Augenblick aus dem Weg zu gehen. Ein flacher Atem bedeutet in psychologischer Hinsicht, das Leben zu negieren. Im Sanskrit hat das Wort **Prana** drei Bedeutungen: Atem, Energie und Leben. Alle drei stehen miteinander im Zusammenhang. Die meisten Menschen müssen lernen, tief zu atmen, nicht nur für eine bessere Gesundheit sondern auch für eine bessere Lebensqualität, für ein Leben, das im **Jetzt** gelebt wird.
Die meisten Menschen atmen nur mit dem oberen Teil der Lungen, was wahrlich lebensfeindlich ist. Hier folgt eine gute tägliche Aufgabe: Atme tief

durch, wenn du gehst oder liegst. Das wird dir helfen, die Farbe deines *Jetzt* zu ändern. Vermeide enge Gürtel.

Voller yogischer Atem: Wenig Anstrengung, große Erfolge

Hier folgt eine präzise Yogaübung: Höre alle zwei Stunden (bzw. mindestens einmal am Tag) auf mit dem, was du gerade tust, und atme tief 6 oder 12-mal mit dem vollen yogischen Atem. Wenig Anstrengung, große Erfolge! Langerprobt! Idiotensicher! Kostet nichts! Sehr zu empfehlen! So funktioniert es: Atme zuerst vollständig aus. Dann dehne während eines langen und tiefen Einatmens diese drei Körperstellen eine nach der anderen vollständig aus Abdomen, Brustkorb, Brust. Halte den Atem für einige Sekunden an. Dann atme langsam in umgekehrter Reihenfolge aus: Brust, Brustkorb, Abdomen. Lass die drei Stellen sanft ineinander übergehen. Atme genauso lang ein wie aus. Setze dich dabei niemals unter Stress. Halte den Atem im Fall einer Schwangerschaft, bei hohem Blutdruck oder Herz-Kreislauf-Erkrankungen nur sehr kurz an.

KREATIVE PAUSE ZUR ARBEIT MIT DEM NOTIZBUCH

» Wiederhole die Botschaft dieses Tages mit deinen eigenen Worten so klar, wie du kannst.

» Nimm dir einen Augenblick Zeit, um darüber nachzudenken, wie es auf dich und dein Leben zutrifft.

» Wie kannst du es praktisch so anwenden, dass du die Qualität deines täglichen Lebens verbesserst?

» Nimm dein Notizbuch und schreibe es auf

AFFIRMATION UND ÜBUNG DES TAGES

Nimm diese Affirmation und dieses Verhalten für diesen Tag (oder morgen, falls es Abend ist) mit dir, ganz gleich, wohin du gehst und was du tust:

> *„Mein Atem ist Leben.*
> ***Heute atme ich tief."***

TAG 18
WACH, BEREIT, BEWUSST!

Sei 100 Prozent da

Östliche und westliche Lehrer haben ihren Schülern in alten genauso wie in neuen Zeiten geholfen, ihre scharfe Wahrnehmung dieses Augenblicks zu steigern, in dem sie sagten: „Was immer du tust, gib ihm deine volle Aufmerksamkeit." Lebe voll und ganz im Hier und Jetzt. Meide es, fünf Dinge gleichzeitig zu tun. Esse bewusst, gehe bewusst und, wenn du mit jemandem sprichst, dann schenk ihm deine volle Aufmerksamkeit. Wenn du arbeitest, dann sei voll da. Eine goldene Regel, an die du dich erinnern solltest, ist:

Wenn du lebendig bist,
Ist das Leben bei dir.

Das Leben ist immer nur *Hier und Jetzt*. Wie alles handelt es sich um ein Training, eine Haltung, die man herausbilden sollte, eine gute Richtung für unsere Himalayatour.

„Wie geht es uns allen?", pflegte Yogananda seine Zuhörer energisch zu fragen: „Wach und bereit!", war ihre laute und enthusiastische Antwort, womit gemeint war: „100% im Hier und Jetzt, wach und lebendig, bereit für die neuen Botschaften, Lehren, Erfahrungen des Lebens."

Hier kommt jetzt eine andere Übung, die aus Swami Kriyanandas *Superconscious Living Exercises* stammt. Sie kombiniert eine brüske körperliche Bewegung mit lebensändernder Affirmation. Die körperliche Bewegung wird die Wirkung der Worte auf unseren Verstand verstärken. Versuche es, hab Spaß daran, sei verspielt und begeistert wie ein Kind. Es funktioniert so: Gehe energisch auf der Stelle, hebe deine Knie und schwinge deine Arme und sprich dabei die Affirmation: *„Ich bin wach und bereit. Ich bin wach und bereit!"* Probiere das nur eine energische Minute lang und fühle dann nach, wie es deine Energie, deinen Tag und dein Leben beeinflusst. Du wirst bald sehen, dass Shakespeare in Hamlet die Wahrheit sagte: „Wir wissen, was wir sind, aber nicht, was wir sein könnten." Dieses „sein könnten" bedeutet einfach: viel wacher und bewusster sein als je zuvor!

KREATIVE PAUSE ZUR ARBEIT MIT DEM NOTIZBUCH
» Wiederhole die Botschaft dieses Tages mit deinen eigenen Worten so klar, wie du kannst.
» Nimm dir einen Augenblick Zeit, um darüber nachzudenken, wie es auf dich und dein Leben zutrifft.
» Wie kannst du es praktisch so anwenden, dass du die Qualität deines täglichen Lebens verbesserst?
» Nimm dein Notizbuch und schreibe es auf.

AFFIRMATION UND ÜBUNG DES TAGES
Nimm diese Affirmation und dieses Verhalten für diesen Tag (oder morgen, falls es Abend ist) mit dir, ganz gleich, wohin du gehst und was du tust:

„Ich bin wach und bereit!"

TAG 19
DAS BEWUSSTSEIN IN DER SCHULE DES LEBENS SCHULEN

Empfange Lektionen und Botschaften

Das Leben ist eine Schule und es unterrichtet uns die ganze Zeit. Menschen, die ein waches Bewusstsein entwickeln konnten, werden solche Lektionen leicht und schmerzfrei empfangen. Man sagt, dass das Leben, wenn es uns etwas lehrt, uns zuerst einige wenige subtile Botschaften sendet. Leider werden diese nicht von vielen von uns gehört. Daher sendet uns das Leben dann einige stärkere Botschaften und klopft an unsere Tür und sagt: „Hör mal, hier läuft etwas falsch." Wir sind aber normalerweise stur und ziemlich von der Art überzeugt, in der wir Dinge erledigen. Deswegen werden wir unser Leben nicht anpassen. Dann wird das Klopfen stärker. Häufig wollen wir einfach nicht lernen und unsere Wege auch nicht ändern. Nur, wenn das Leben uns zu Boden gehen lässt, wenn wir verzweifelt sind, wenn wir den liebsten Menschen oder unseren am meisten geschätzten Besitz verloren haben, wenn wir kein Licht mehr sehen, dann ändern sich die Dinge endlich und wir beginnen, unserer Leben neu zu überdenken. Dann begeben sich die Menschen auf die Suche nach einem tieferen Sinn im Leben. Und das Leben freut sich darüber: „Warum bleiben die alle an meiner Oberfläche hängen", denkt es sich, „wenn ich doch viel mehr zu bieten habe?" Glücklicherweise gibt es einen viel weniger schmerzhaften Weg zum tieferen Verstehen als verzweifelt zu sein: Unser Bewusstsein zu steigern und ständig offen für die Botschaften und Lektionen des Lebens zu sein. Es ist weise, ein bescheidener Schüler des Lebens zu sein. Das Leben wiederum wird uns manchmal durch die Lippen eines Kindes unterrichten oder durch einige Worte, die wir lesen, durch Ehemann oder Ehefrau (das ist eine harte Version) oder durch ein Ereignis. Der weise Mensch hört der Wahrheit überall zu.

KREATIVE PAUSE ZUR ARBEIT MIT DEM NOTIZBUCH
» Wiederhole die Botschaft dieses Tages mit deinen eigenen Worten so klar, wie du kannst.
» Nimm dir einen Augenblick Zeit, um darüber nachzudenken, wie es auf dich und dein Leben zutrifft.
» Wie kannst du es praktisch so anwenden, dass du die Qualität deines täglichen Lebens verbesserst?
» Nimm dein Notizbuch und schreibe es auf.

AFFIRMATION UND ÜBUNG DES TAGES
Nimm diese Affirmation und dieses Verhalten für diesen Tag (oder morgen, falls es Abend ist) mit dir, ganz gleich, wohin du gehst und was du tust:

*„Das Leben spricht mit mir,
und ich höre bewusst zu."*

TAG 20
INNERES UND ÄUSSERES BEWUSSTSEIN: DIE INS UND OUTS DES LEBENS

Entwickele das innere Hören

Es gibt ein *inneres* und ein *äußeres* Bewusstsein in einer inneren und einer äußeren Welt. Beide sind wichtig für uns, müssen im Gleichgewicht sein und gleichmäßig ausgebildet werden. Auf diese Weise entzünden wir eine innere und eine äußere Lampe, die gemeinsam unser *Jetzt* perfekt erleuchten.

Man erzählt eine Geschichte über Sukdeva, einen großen indischen Heiligen, der als Kind zu König Janaka ging, um unterrichtet zu werden. König Janaka gab seinem neuen Schüler zwei becherförmige Öllampen, die bis zum Rand gefüllt waren, und befahl ihm: „Halte eine Lampe in jeder Hand und geh herum, um all die prächtig möblierten Räume meines Palastes zu besuchen. Dann komm zurück, nachdem du alles gesehen hast. Aber denk daran: Ich sende dich nach Hause und weigere mich, dich zu unterrichten, falls du es wagst, einen Tropfen Öl auf meine Teppiche zu verschütten." Nach zwei Stunden kehrte Sukdeva triumphierend zurück, ohne Öl aus den Öllampen, die er hielt, verschüttet zu haben. Dann sagte der König: „Junger Sukdeva, erzähle mir in allen Einzelheiten, was du in jedem Raum meines Palastes gesehen hast!" Sukdeva antwortete darauf: „Königlicher Lehrer, ich habe kein Öl auf Eure Teppiche geschüttet. Mein Verstand hat sich so auf den Gedanken konzentriert, kein Öl zu verschütten, dass es mir überhaupt nicht möglich war, irgendetwas zu sehen, dass in den Räumen war." Der König rief: „Ich bin enttäuscht. Du hast meine Prüfung nicht völlig bestanden. Ich hatte dich aufgefordert, dir alles anzusehen, das sich in den Räumen meines Palastes befindet, und zur gleichen Zeit kein Öl aus den Öllampen zu verschütten. Geh mit den Lampen zurück und denk daran, kein Öl zu verschütten, während du dir sorgfältig alles im Palast ansiehst." Sukdeva kam in aller Ruhe nach zehn Stunden zurück und seht, er hatte kein Öl verschüttet, schwitzte nicht mehr vor Aufregung wie zuvor und konnte alle Fragen des Königs über die kleinsten Einzelheiten der Räume des Palastes beantworten. *Warum verlangte König Janaka diese schwierige Aufgabe von ihm?* Sukdeva musste nicht nur lernen, zu erlauben, dass das Öl der inneren Aufmerksamkeit verschüttet wird, während er zur gleichen Zeit mit vollständigem äußeren Bewusstsein seine weltlichen Pflichten erledigte. Wir müssen alle diese Kunst lernen. Diejenigen, die nur in der äußeren Welt leben, leben ein armseliges unvollständiges, ein armseliges halbes Jetzt. Vielleicht sogar weniger als das.

KREATIVE PAUSE ZUR ARBEIT MIT DEM NOTIZBUCH

» Wiederhole die Botschaft dieses Tages mit deinen eigenen Worten so klar, wie du kannst.

» Nimm dir einen Augenblick Zeit, um darüber nachzudenken, wie es auf dich und dein Leben zutrifft.

» Wie kannst du es praktisch so anwenden, dass du die Qualität deines täglichen Lebens verbesserst?

» Nimm dein Notizbuch und schreibe es auf.

AFFIRMATION UND ÜBUNG DES TAGES
Nimm diese Affirmation und dieses Verhalten für diesen Tag (oder morgen, falls es Abend ist) mit dir, ganz gleich, wohin du gehst und was du tust:

„In mir ist ein besonderes Leben.
Ich bleibe stets mit ihm in Verbindung.

TAG 21
SADHANA: GYMNASTIK FÜR UNSEREN JETZT-MUSKEL

Die Wichtigkeit spiritueller Übungen

Das beste Trainingsgelände zur Stärkung unseres inneren und äußeren *Jetzt-Muskels* ist das „Fitnessstudio" der *Sadhana* (spirituelle Übungen). Täglich, wenn wir Yogaübungen durchführen und Meditationstechniken anwenden, trainieren wir ihn von ganzem Herzen und machen ihn stark. In anderen Worten: Wir trainieren unsere Fähigkeit entschieden in diesem Augenblick und nicht in der Zukunft, der Vergangenheit, an einem anderen Platz oder bei einer anderen Veranstaltung. Lass es ein leises, innerliches *Jetzt* sein. Allmählich öffnen wir uns selbst für eine innere Welt, die nur in der Stille wahrgenommen werden kann. Hier folgt ein nützlicher Rat: Übe, ohne eine Belohnung zu erwarten und immer, wenn dein Verstand in eine von tausend Richtungen ausweichen möchte, dann trainiere, ihn wieder ins *Hier* und *Jetzt* zu holen, immer wieder und wieder und wieder. So wird dein *Jetzt-Muskel* allmählich stärker. Kein Schwächling wird Zugang zu seiner inneren Welt erhalten, aber die gute Nachricht lautet: Wir können *alle* einen durchtrainierten Jetzt-Muskel herausbilden. Und der ist viel nützlicher als ein *Riesenbizeps!*

KREATIVE PAUSE ZUR ARBEIT MIT DEM NOTIZBUCH
» Wiederhole die Botschaft dieses Tages mit deinen eigenen Worten so klar, wie du kannst.
» Nimm dir einen Augenblick Zeit, um darüber nachzudenken, wie es auf dich und dein Leben zutrifft.
» Wie kannst du es praktisch so anwenden, dass du die Qualität deines täglichen Lebens verbesserst?
» Nimm dein Notizbuch und schreibe es auf.

AFFIRMATION UND ÜBUNG DES TAGES

Nimm diese Affirmation und dieses Verhalten für diesen Tag (oder morgen, falls es Abend ist) mit dir, ganz gleich, wohin du gehst und was du tust:

„Heute trainiere ich meinen Jetzt-Muskel
mit voller Konzentration."

TAG 22
RUHIG IN DER BERGHÜTTE
Zeit, um dich selbst zu beobachten

Das war ein großes Plateau, das sehr wichtig für unser Leben ist. Du bist viele Schritte gegangen und hast viele Eindrücke erhalten. Jetzt ist Zeit, um diese noch tiefer zu verinnerlichen. Stelle dir vor, du bist jetzt am Ende des Plateaus angelangt, wo du eine komfortable Berghütte vorfindest. Du gehst freudig hinein, ruhst dich aus und freust dich an der stillen Atmosphäre. Du findest hier eine Liste mit 36 Fragen vor, die ganz speziell für dich aufgestellt wurden. Nimm dein Notizbuch zur Hand und beantworte sie. Denk daran: Sie sollen dein Leben verändern, dich in größere Fülle und Freude mitnehmen.

1. Ist da etwas in der Zukunft, das mich häufig aus der Gegenwart reißt? Was ist das?
2. Freue ich mich an den kleinen Dingen, die mich umgeben? Woran freue ich mich am meisten?
3. Kann ich in den richtigen Augenblicken meinen Intellekt hinter mir lassen?
4. Beeile ich mich häufig, auch wenn es nicht wirklich notwendig ist?
5. Habe ich die Tendenz, der Herde zu folgen oder folge ich gerechtfertigten Idealen? Was sind meine Ideale? Welche fünf wichtigsten Wertvorstellungen habe ich?
6. Erinnere ich mich noch an das „Gelassenheitsgebet"? Kann ich es niederschreiben, ohne nachzuschauen?

7. Möchte ich häufig woanders statt hier in dem jetzigen Augenblick sein?

8. Versuche ich jeden Augenblick in einen Freund zu verwandeln, selbst wenn er hässlich erscheint?

9. Sage ich im Allgemeinen JA zum Leben? In welchen Situationen sollte ich diese Haltung verstärken?

10. Suche ich nach Erfahrungen, die mir kurzlebiges aber äußerst starkes Glück im Leben bringen, oder versuche ich, jeden Augenblick zu verbessern?

11. Entscheide ich mich dafür, in jedem Augenblick glücklich zu sein, und sogar in den schwierigen Momenten?

12. Bleibe ich mit dem Verstand an schmerzvollen Erfahrungen in der Vergangenheit hängen?

13. Hänge ich Erinnerungen an schöne Erfahrungen in der Vergangenheit nach?

14. Arbeite ich daran, Wut und negative Gefühle loszulassen? Welche Situation erzeugt mehr als andere negative Gefühle bei mir? Welche Strategie könnte ich anwenden, um gelassen zu bleiben?

15. Glaube ich an den Mythos der Jugend?

16. Verfalle ich oft ins Bedauern?

17. Erzähle ich häufig von unangenehmen Erfahrungen, die ich gemacht habe?

18. Erzeuge ich Augenblicke für mich selbst, in denen ich meinen Verstand leer mache?

19. Habe ich Angst vor der Zukunft? Was macht mir besonders viel Angst? Glaube ich an meine Fähigkeit, mit dieser Situation fertig zu werden, falls diese eintritt?

20. Umgebe ich mich mit ausgeglichenen und glücklichen Menschen? Wer sind diese in meinem Leben?

21. Lebe ich ein „angemessenes" Jetzt? Was bedeutet das für mich?

22. Versuche ich, mich von der Intuition leiten zu lassen?

23. Womit ist meine „magnetische Tasche" gefüllt? Was ziehe ich für mein Leben an? Welche Energie umgibt mich?

24. Bin ich ein Sklave meiner Gewohnheiten? Was kann ich Besonderes tun, um kreativer zu leben?

25. Lebe ich in einer mentalen Kiste? Welche ist es?

26. Wie sieht mein Energieniveau normalerweise aus? Und meine Ausgeglichenheit? Wenn ich diese mit einer Note von 1-10 bewerten sollte, wie würde die Zahl lauten?

27. Trainiere ich meine Willenskraft? Wie könnte ich diesen in meinem Alltag stärken?

28. Denke ich bewusst positiv?

29. Übe ich körperliche Aktivität aus? Falls nicht, was könnte ich tun, um damit anzufangen?

30. Wie ist meine Ernährung? Wie könnte ich diese verbessern?

31. Lade ich mich wieder mit Energie auf? Falls nicht, würde es mich interessieren, das zu versuchen?

32. Ist mein Atem flach oder tief? Habe ich das volle yogische Atmen probiert? Falls nicht, sollte ich vielleicht versuchen es zu üben, zum Beispiel morgens im Bett oder in einem anderen Augenblick?

33. Fülle ich mich im jetzigen Augenblick 100% „wach und bereit"? Oder 80%? Oder 50%? Welche Prozentzahl trifft auf mich zu?

34. Bin ich für die Botschaften und Lektionen des Lebens offen? Was sagen mir diese in diesem Augenblick meines Lebens?

35. Pflege ich meine innere Achtsamkeit? Wie?

36. Führe ich regelmäßig Sadhanaübungen aus? Falls nicht, könnte jetzt der richtige Augenblick gekommen sein, um damit anzufangen?

*„Verstehe die Gegenwart
und du verstehst die Ewigkeit ."*

Paramhansa Yogananda

Drittes Plateau

TAG 23
VERSTEHE DAS EWIGE JETZT

„Der Weg ist das Ziel" haben wir vorher gelesen (Ich hoffe, wir erinnern uns alle daran!!!). Der Yogi aus dem Himalaja würde vielleicht lächelnd hinzufügen: „Ja, das ist wahr, denn er öffnet den Weg zum Ziel." Ist das ein Zen-Koan? Was in aller Welt soll das bedeuten? Erst sagt er, es gibt kein Ziel, und dann sagt er doch, dass da eins *ist*. Das Nicht-Ziel führt also zum Ziel?

Der lächelnde Yogi sagt uns damit Folgendes: Nur, wenn wir vollständig im Jetzt leben, können wir hoffen, darüber **hinweg**zukommen in das EWIGE JETZT, wobei es sich um das Ziel des inneren Wachstums handelt. Das mag jetzt einigen Menschen zu esoterisch erscheinen. Im *Hier* und *Jetzt* zu leben, ist eine relativ leicht verdauliche Philosophie, während das Konzept des EWIGEN JETZT eine weit größere und oft fehlinterpretierte Herausforderung repräsentiert. Lass uns das erklären. An erster Stelle ist dieser Kurs keine neue Lehre, da die Wahrheit niemals neu sein kann. Tiefsinnige Lehrer und spirituelle Texte haben lange darüber gesprochen. **Für uns** jedoch wird es eine intensive Offenbarung, sobald wir in unserer inneren Wahrnehmung zum ersten Mal mit dem EWIGEN JETZT in Berührung kommen.[9]

Das *Jetzt* ist Teil des ewigen Flusses: Vergangenheit, Gegenwart, Zukunft. Das EWIGE JETZT wiederum ist zeitlos. Das *Jetzt* ist von dieser Welt, während das EWIGE JETZT der Ursprung der Welt ist. Das EWIGE JETZT ist so etwas wie die Leinwand, auf die der Film des Lebens projiziert wird. Das ist leider eine schlechte Analogie, da das EWIGE JETZT bewusst ist, während die Leinwand das nicht ist. Das *Jetzt* ist an letzter Stelle eine Illusion. In Wahrheit sind die Vergangenheit, die Gegenwart und die Zukunft Projektionen, die von dem stets unbeweglichen EWIGEN JETZT ausgehen. Deswegen ist das EWIGE JETZT nicht nur die Leinwand sondern gleichzeitig auch der Projektor. Vergangenheit, Gegenwart und Zukunft sind wie ein Traum. Sie erscheinen uns wesentlich, aber sie sind es nicht.

Der Vater meiner Exfreundin ist Maler. Er geht über das Jetzt in seiner eigenen besonderen Weise hinaus. „Ich konzentriere mich auf meine Malerei. Im Grunde genommen gehe ich dort hinein und lebe in ihr drinnen." Vielleicht hat er das EWIGE JETZT noch nicht entdeckt, aber er hat gesehen, dass unsere so solide und reelle äußere Welt und Realität nichts anderes ist als ein Realitätsniveau. Es gibt um uns noch andere Realitäten und Dimensionen. Solange wir uns im äußeren *Jetzt* befinden, sind wir einfach in einer kleinen Kiste des Lebens.

---

[9] Eine großartige Inspiration sind dabei Eckhart Tolles Bücher und Diskurse.

Hier folgt eine weitere (dürftige) Analogie zur Erklärung des EWIGEN JETZT: Stell dir vor, dass du ein Buch liest, und jetzt inmitten der Geschichte völlig aufmerksam bist. Plötzlich bemerkst du zwischen den Zeilen eine versteckte Schwingung des Autors. Der Autor, der diese Welt beschrieben hat, lebt ebenso „zwischen den Zeilen" im EWIGEN JETZT. Das Jetzt ist Teil der großen Geschichte, die das Leben erzählt, aber letztendlich ist es nur eine Geschichte, eine Illusion. Trotzdem ist das Jetzt die einzige Tür zum EWIGEN JETZT, dem einzigen Punkt, wo Zeit in Ewigkeit umgewandelt wird. Wir müssen einfach geschickter werden in unserer Wahrnehmung und das Leben „zwischen den Zeilen" lesen. Wie Neil Young sang „There's more to the picture than it meets the eye," (Das Bild ist mehr, als das Auge sehen kann) oder in Yoganandas Worten: „Blinde Augen sehen, wie die Mutter sich überall versteckt!" Bin ich

zu weit gegangen, dieses Lied für die Göttliche Mutter zu zitieren? Aber ja, das EWIGE JETZT ist das , was wir Göttliche Mutter nennen können oder Vater oder Gott oder Geist oder reale Substanz, wie es uns am besten gefällt.

Das Jetzt ist ein Miniatursandkorn, das uns zum gesamten Strand führt. Es handelt sich um einen kleinen Augenblick im Leben, der uns zum Leben selbst führt: zum EWIGEN JETZT, das man auch als „EWIGE GEGENWART" bezeichnen kann. Das ist einfach ein weiteres Wort, das uns zu der mysteriösen ewigen Wirklichkeit führt, welche die Leute als „Gott" bezeichneten. „Gott" wäre ein angemessenes Wort, da es ein lebendes bewusstes Wesen voraussetzt, mit dem wir kommunizieren und das wir lieben können. Das ewige Jetzt ist jedoch auch ein wahres Konzept, denn es ist unpersönlich und es beinhaltet das reine Sein: Zeitlosigkeit, Dimensionslosigkeit, die einfache Essenz des Lebens. In unserem Verstand sollten wir beide Konzepte vermischen – das EWIGE JETZT und „Gott", um der heiligen Wahrheit näher zu kommen, die sowohl einen persönlichen, als auch einen unpersönlichen Aspekt hat.

Das EWIGE JETZT ist genau hier. Wir versuchen einfach feinsinniger zu werden, um es zu erfahren. Denke über folgende Aussage nach, visualisiere sie und versuche sie in innerer Ruhe zu verstehen:

Wir bewegen uns ständig im EWIGEN JETZT,
wie sich ein Fisch im Wasser bewegt.
Und noch mehr: In Wirklichkeit
bewegt sich das EWIGE JETZT durch uns.

Oder lass diesen Vers aus Bhagavad Gita (4:18) der Funke sein, der deine eigene Wahrnehmung entfacht:

„Derjenige Yogi hat ein wahres Wahrnehmungsvermögen,
*der die **Inaktion in Aktion***
*und die **Aktion in Inaktion** sieht."*

Unsere Herausforderung besteht darin, das EWIGE JETZT im Jetzt zu sehen und das Jetzt im EWIGEN JETZT. Swami Kriyananda erklärt das folgendermaßen: „Jeder Yogi sieht Aktivität als etwas an, das sich einfach durch ihn manifestiert. Er sieht sich niemals als Macher. Und er sieht alle Bewegung im Universum, als etwas, das aus dem Herz der ewigen Stille stammt. Die Bewegung selbst, merkt er, ist eine Illusion. Alles ist einfach nur ein Traum aus dem stets unbeweglichen Bewusstsein des Unendlichen."[10]

Das *Jetzt* ist durch unsere Sinne erfassbar. Das EWIGE JETZT kommt, wenn wir unser Jetzt aus den Sinnen herausnehmen. Das Jetzt bedeutet „Ich erlebe diese Szene." Die Erfahrung des EWIGEN JETZT ist „Ich erfahre" oder einfach „Ich bin", was *aham* in Sanskrit bedeutet. Mit der Zeit expandiert *aham* frei vom Körper und erstreckt sich überall hin. Es wird zu *Aham Saha*: „Ich bin Geist". *Aham Saha* wird von Yogananda in der mantrischen Form zu *Hong Sau*: Ein perfektes Mantra, um es bei der Meditation zu nutzen, um das EWIGE JETZT zu erreichen. Die *Hong-Sau*-Meditation wird auf dem nächsten Himalajaplateau unterrichtet.

Jesus lebte im EWIGEN JETZT: „Ehe Abraham wurde, bin ich!"[11] Er sagte nicht: „War ich" und das ist ein Schlüssel dafür, ihn zu verstehen. Krishna sprach über dasselbe EWIGE JETZT, das alles wie eine Kulisse durchzieht, das *hinter* allem ist und das alles wird: „Obwohl ich durch diese Einflüsse aktiv erschaffe, weiß ich, dass ich (in mir selbst) handlungslos und unveränderlich bin."[12]

Eines Tages werden wir wie diese Großen aus der Dimension der Zeit in das reine Jetztsein unseres Seins heraustreten und werden merken: „Dieses Selbst ist nicht geboren und es vergeht nicht. Als selbst-existent besteht es immer fort. Es ist ohne Geburt und ohne Veränderung, von ewiger Dauer und bleibt immer dasselbe."[13]

Yogananda ermutigt uns, uns von allen Zweifeln zu befreien: „Wir können sicher über die Zeit hinaus leben. Wir können in der ewigen Gegenwart leben, indem wir unsere Aufmerksamkeit von ganzem Herzen auf das ewige unveränderliche Eine konzentrieren." Als Junge hatte er eine lehrrei-

---

[10] Aus: Rays of the Same Light
[11] Johannes 8:58
[12] Bhagavad Gita, 4,13
[13] Bhagavad Gita, 2,20

che Vision: Er sah sich selbst auf dem Marktplatz einer Stadt in den Ausläufern des Himalaja. Es war heiß. Der Marktplatz war staubig, überfüllt, laut. Die Menschen waren besorgt, unglücklich und hatten es eilig. Plötzlich sah er, dass jemand innehielt, in die Ferne sah und begann, hoffnungsvoll zu lächeln. Dann aber senkte er seinen Kopf und murmelte: „Das ist zu hoch für mich." Diese Szene wiederholte sich mehrmals. Yogananda, der nun neugierig geworden war, drehte sich um, um zu sehen, was sich die Leute ansahen. Es war ein majestätischer Berg, in herrlicher Ruhe. Auf dem Gipfel des Berges befand sich ein großer, unaussprechlich schöner Garten. Er sehnte sich danach, den Berg zu besteigen und zu diesem himmlischen Garten zu gelangen. Aber in seinem Geist hallten dieselben Worte wider: „Das ist zu hoch für mich!" „Vielleicht ist es zu hoch, um dort mit einem einzigen Schritt hinzukommen", antwortete er sich selbst, „aber ich *kann* einen Fuß vor den anderen setzten!" Er begann den Aufstieg, erreichte den Gipfel des Berges und betrat den wunderschönen Garten. Dann dachte er: „Alle Dinge sind möglich. Nichts ist so schlecht, dass man es nicht heilen kann. Nichts ist zu gut, um darauf zu hoffen. Nichts ist zu hoch, um es zu schaffen."

KREATIVE PAUSE ZUR ARBEIT MIT DEM NOTIZBUCH

» Wiederhole die Botschaft dieses Tages mit deinen eigenen Worten so klar, wie du kannst.
» Nimm dir einen Augenblick Zeit, um darüber nachzudenken, wie es auf dich und dein Leben zutrifft.
» Wie kannst du es praktisch so anwenden, dass du die Qualität deines täglichen Lebens verbesserst?
» Nimm dein Notizbuch und schreibe es auf.

AFFIRMATION UND ÜBUNG DES TAGES

Nimm diese Affirmation und dieses Verhalten für diesen Tag (oder morgen, falls es Abend ist) mit dir, ganz gleich, wohin du gehst und was du tust:

„Das Jetzt ist ein Mysterium,
das sich bis in die Ewigkeit ausdehnt.
Ich lerne, es wahrzunehmen."

TAG 24
CHRISTLICHE PERSPEKTIVE

Das EWIGE JETZT hört sich an wie ein östliches Konzept, aber es handelt sich keinesfalls um eine unchristliche Lehre. Heilige des Ostens und des Westens fanden dieselben Wahrheiten. Sankt Augustin (354-430 AD), der prominenteste Kirchenvater, schrieb, dass Gott außerhalb der Zeit in etwas, was auch er als „EWIGE GEGENWART" bezeichnet, existiert. Er beschrieb die Zeit als etwas, das nur innerhalb des erschaffenen Universums existiert, denn Zeit ist nur innerhalb des Raums durch Bewegung und Veränderung wahrnehmbar.

Im Buch XI seiner Bekenntnisse fragte sich St. Augustin, was es ist, das die Vergangenheit und die Zukunft real macht. Wie können die Vergangenheit und die Zukunft existieren, wenn die Vergangenheit bereits verstrichen ist (nicht existent ist) und die Zukunft noch kommt (also genauso nicht existent ist)? Tatsächlich, sagt er, sind für den Menschen die Vergangenheit genauso wie die Zukunft nichts anderes als Abstraktionen, die durch den menschlichen Verstand gebildet werden. Außerhalb des Verstandes sind sie vollkommen unwirklich und nicht existent. Vergangenheit und Zukunft sind ausschließlich Phänomene, die von unseren Hirnmechanismen hervorgerufen werden.

Lasst uns für kurze Zeit einen kleinen Panoramaabstecher über den Himalaja machen. Ist die *Reinkarnation* eine unchristliche Glaubenslehre? Augustin stellte folgende Frage in Buch I Bekenntnisse: „Sage mir oh Herr ... ob meine Kindheit in einem schon vergangenen Leben sei oder ob jenes dasselbe ist, welches ich im Mutterleibe zubrachte? Doch was war ich noch vor jener Zeit, mein Gott ... war ich irgendwo oder war ich in irgendeinem Körper?"

Origenes (185-254 AD), neben Augustinus der prominenteste, hervorragendste und einflussreichste der frühen Kirchenväter, stellte nicht nur eben diese Frage, sondern lehrte die Reinkarnation ganz offen: „Zweifelsohne sind Körper nur von sekundärer Bedeutung und entstehen von Zeit zu Zeit, um den veränderlichen Bedingungen vernünftiger Kreaturen gerecht zu werden."

Ich hatte eine erstaunliche Erfahrung in Badrinath, einem heiligen Pilgerort im Himalaja, mit Gino, einem Freund und Mitpilger, bei dem es sich um einen ganz besonderen Menschen handelte, mit dem ich das Zimmer teilte. Als er im *Neelkanth Valley* in Badrinath hinaufschaute, kam plötzlich eine riesige Energie über ihn. Er begann, das steile Tal hinaufzulaufen. Ich bin zwar ein geübter Läufer, aber es fiel mir schwer, hinterherzukommen. Er sagte mir und Connor, einem weiteren Freund: „Ich kenne diesen Ort!" Möglich? Er war zuvor niemals dort (und Lesern, die nicht an die Reinkarnation glauben, wird diese Geschichte schwer im Magen liegen). „Da oben", sagte er, „diese Steinmure verbirgt eine große Höhle, die sich unter ihr befindet." Wir gingen dahin hoch. „Da ist auch ein versteckter Seiteneingang", sagte er. Es ist gefährlich, man kann leicht eingeschlossen werden. Und wir fanden tatsächlich diesen Eingang. Eine enge Öffnung, die steil nach unten führte. Wir konnten jedoch nicht so weit sehen, da die Höhle von völliger Dunkelheit erfüllt war. Wir warfen Steine hinein, wodurch wir merkten, dass es sich um eine riesige Höhle handelte. Aufregend! Daher beschlossen wir drei am nächsten Tag nachmittags mit der Hilfe von Seilen hineinzuklettern. Wir erzählten niemandem von unserem Plan. Am nächsten Morgen fuhr die gesamte Pilgergruppe im Bus nach Mana, einem nahegelegenen tibetanischen Dorf. Plötzlich sagte Gino vehement. „Ich muss raus. *Lasst mich raus.*" „Warum", fragte ich? „Ich weiß es nicht." Draußen traf er einen jungen *Sadhu* (Mönch), der ihm sagte: „Geh nicht durch diesen Seiteneingang in die Höhle. Das ist gefährlich. Du kannst leicht eingeschlossen werden." Wie hatte der junge *Sadhu* von unserem Plan erfahren? Wie kam Gino dazu, den Bus anzuhalten und auszusteigen? Wir waren erstaunt

Gino begann sich orange zu kleiden wie ein indischer Swami. Normalerweise mag ich es nicht, wenn westliche Menschen das tun, aber bei Gino war das etwas anderes. An ihm erschien die Farbe Orange völlig normal, sogar für Inder. Es passiert sogar etwas, das ich in meinen 25 Jahren in Indien nie zuvor gesehen hatte: Es gab eine zeremonielle Versammlung von Samis in der Nähe von Badrinath und Gino nahm daran teil. Mehrere Swamis näherten sich ihm, verbeugten sich und berührten seine Füße. Indische Swamis berühren niemals die Füße eines Menschen aus dem Westen, ganz gleich ob orange oder nicht. Auf jeden Fall war die Reinkarnation kaum jemals offensichtlicher.

Zurück zu Origenes: Er lehrte gemeinsam mit der Mehrheit der frühen Theologen die „universelle Erlösung." Er sprach von einer andauernden Reinigung aller Seelen, die, wenn sie von Wolken des Bösen gereinigt sind, die Wahrheit kennen, Gott von Angesicht zu Angesicht sehen, vollständig vom Heiligen Geist ergriffen werden und eine Union mit Gott eingehen. Seine Lehre wurde später von der Kirche abgelehnt, die lange darauf bestanden hat, dass die Christen an die Existenz einer ständigen Hölle glauben müssen. Andererseits sagte Kardinal Murphy O'Connor, der römisch-katholische Erzbischof von Westminster, 2005, dass die universelle Erlösung völlig kompatibel mit der katholischen Lehre ist: „Gott ist gut. Seine Liebe dauert ewig an."[14]

---

[14] Psalm 106:1

Yogananda stimmt zu: „Ein gütiger Vater würde niemals eine Seele, die von seinem eigenen Abbild geschaffen wurde, für ihre zeitweisen irdischen Fehler brennen lassen. Gott als gerechter Richter würde niemals eine Kinderseele für eine begrenzte Zeit der Sünde *unendlich* bestrafen. Die Idee ewiger Buße ist unlogisch. Eine Seele wird im Laufe der Unendlichkeit als Abbild Gottes geschaffen. Sogar eine Million Jahre der Sünde könnten ihren essenziellen ewigen und heiligen Charakter nicht ändern. Der unversöhnliche Zorn des Menschen gegen die üblen Handlungen seiner Brüder hat diese irrige Vorstellung von Höllenfeier entstehen lassen." Einem orthodoxen Gläubigen, einem alten Vater, der fürchtete, dass sein missratener Sohn für immer bestraft werden würde, sagte er einmal: „Du, der du Mensch bist, von wem hast du diesen Instinkt der Liebe erhalten, wenn nicht durch die Liebe des göttlichen Vaters?" Sogar du als Menschenvater könntest niemals den grausamen Gedanken ertragen, dass dein Sohn lebendig im Feuer schmoren würde. Wie könntest du dann denken, dass dein stets liebender göttlicher Vater, der eine unendlich größere Liebe hat als du, und der Eltern ihre Kinder durch das Geschenk seiner Liebe lieben lässt, seine selbst erschaffenen Kinder in Schwefel und Höllenfeuer brennen lässt?"

Aber jetzt Schluss mit dem Abstecher. Lasst uns zurückgehen zu unserem wesentlichen Bergpfad, dem *Jetzt*: St. Augustin unterrichtete auch über die Länge der Gegenwart. Die Gegenwart ist unendlich kurz. Jedes Mal, wenn man die Gegenwart als einen bestimmten Zeitraum definiert, sollte man sie sich sogar noch kürzer vorstellen, wie einen Strich, der unendlich in zwei Hälften zerschnitten wird. Dabei handelt es sich jedoch um die Theorie. In Wahrheit „schneidet man die Gegenwart nicht in zwei Hälften", in ein noch kürzeres und vollkommeneres *Jetzt*, sondern zieht sich aus ihm zurück in eine ewige Realität. Die Zeitleiste löst sich auf in ein EWIGES JETZT, das von überhaupt keiner Dauer ist. Es *ist* einfach. Das ist es, was die großen Heiligen im Osten und Westen erfahren haben (und noch nicht einmal darüber nachgedacht haben) und das ist es, was sie uns zu erleben ermuntern: Trete aus der Dimension der Zeit heraus, um dazu in der Lage zu sein, in die Freiheit und das Mysterium des EWIGEN JETZT einzugehen.

Aber lasst uns nur einen Schritt auf einmal machen. Unser erster Schritt besteht darin, einen flüchtigen Eindruck vom dimensionslosen EWIGEN JETZT zu bekommen. Die folgende Wanderung durch das dritte Plateau wird uns lehren, damit umzugehen.

KREATIVE PAUSE ZUR ARBEIT MIT DEM NOTIZBUCH

» Wiederhole die Botschaft dieses Tages mit deinen eigenen Worten so klar, wie du kannst.

» Nimm dir einen Augenblick Zeit, um darüber nachzudenken, wie es auf dich und dein Leben zutrifft.

» Wie kannst du es praktisch so anwenden, dass du die Qualität deines täglichen Lebens verbesserst?

» Nimm dein Notizbuch und schreibe es auf.

AFFIRMATION UND ÜBUNG DES TAGES
Nimm diese Affirmation und dieses Verhalten für diesen Tag (oder morgen, falls es Abend ist) mit dir, ganz gleich, wohin du gehst und was du tust:

„Ich berühre das ewige Jetzt,
so wie es alle Mystiker getan haben."

TAG 25
YOGIS UND WISSENSCHAFTLER

Das EWIGE JETZT ist für uns nicht unerreichbar. Eine ehrliche Yogi, die relativ neu auf dem Pfad ist, schreibt über ihre inneren Erfahrungen, in denen sie mit dem EWIGEN JETZT in einer Traumvision in Berührung kam: „Meine Vision war nicht dreidimensional: Sie war anders. Es war, als ob ich eine andere vierte Dimension sähe. Ich war außen aber gleichzeitig auch innen, als ob ich von ganz oben alles aus einem anderen Blickwinkel sähe."

Das EWIGE JETZT ist real. Die Zeit an sich ist überhaupt nicht real. Wir werden alle vom Anschein fehlgeleitet. Zeit ist wie ein Traum. Yogananda erklärte das folgendermaßen: „Stell dir vor, ich schlafe und ich träume, dass ich in Los Angeles an Bord eines Flugzeugs gehe und 12.000 Meilen nach Indien reise. Beim Aufwachen sehe ich, dass die ganze Erfahrung in einem kleinen Raum meines eigenen Hirns abgelaufen ist und dass in Wahrheit vielleicht nur einige Sekunden vergangen sind. Das ist die Täuschung von Zeit und Raum, auf die wir alle unsere menschlichen Realitätsbegriffe gründen." Swami Kriyananda erklärt: „Selbst, wenn du *Tausende-Millionen-Milliarden* Jahre lebst, sobald du daraus aufwachst, scheint überhaupt keine Zeit vergangen zu sein.

Mystiker und Wissenschaftler schütteln sich heute die Hände. Einsteins Relativitätstheorie vereinigt Raum und Zeit zusammen in einer einzigen, verschmolzenen Einheit, die man als *Raumzeit* bezeichnet. Wissenschaftler gehen heute davon aus, dass sich die *Raumzeit* nicht in einem Fluss entwickelt, sondern als das „eigenständige Ticken einer Uhr. .... Der Zeitunterschied von einem Ticken bis zum nächsten entspricht ungefähr der Planckzeit: 10-43 Sekunden.[15] Die Zeit existiert jedoch nicht zwischen dem Ticken. Es ist nichts „dazwischen", genauso wie zwischen zwei nebeneinandergelegenen Wassermolekülen kein Wasser ist."[16] In anderen Worten: Genauso wie die Materie in der Realität hauptsächlich aus Raum besteht, auch wenn wir das nicht sehen, besteht sie in Wirklichkeit hauptsächlich aus Nicht-Zeit, auch wenn das nicht so zu sein scheint.

Zwischen der *Raumzeit* gibt es keine *Nicht-Raum-nicht-Zeit*, was die Yogis als die ursprüngliche Essenz aller Manifestation erklären: reines Bewusstsein, das EWIGE JETZT. Yogananda erklärt, dass Zeit und Raum Kategorien und Relativitäten der Absicht Gottes sind. „Sie sind Täuschungen. Diese zwei Kategorien sind erforderlich für die Schöpfung, da sie die Unendlichkeit in Abschnitte unterteilen." Das ist es, was *Maya* in alter Yogabegrifftlichkeit bedeutete: „der Messende", „Illusion", „Phantomexistenz".

Der Sufi-Heilige Omar Khayyam drückte es in seinem *Rubaiyat* folgendermaßen poetisch aus[17]:

> *Innen und außen, oben, herum, unten,*
> *Sind nichts als magische Schatteneffekte,*
> *Die in einer Kiste gespiegelt werden, deren Kerze die Sonne ist,*
> *Um die herum wir Phantome kommen und gehen.*

Einstein schrieb diese berühmten Worte: „... Für uns gläubige Physiker hat die Trennung zwischen Vergangenheit, Gegenwart und Zukunft nur die Bedeutung einer, wenn auch hartnäckigen, Illusion." In einer ähnlichen Aussage nahm er nicht nur die Zeit sondern die Realität selbst auseinander: „Realität ist eine Illusion, wiewohl eine sehr beständige." In Yogabegrifflichkeiten würde man das folgendermaßen übersetzen: Die äußere Realität (*Maya*) ist der größte Magier und erzeugt die menschliche Illusion (*Avidya*), die real ist, aber nicht ist. Die wahre Realität (*Sat*) steht über Zeit und Raum und ist real, selbst wenn sie aus der Sicht des Menschen irreal erscheint. Je mehr wir in Maya stecken bleiben, desto ärmer werden wir: Bettler, die, ohne es zu wissen, in einem fremden Land umherirren, immer auf der Suche, auf

---

[15] Diese Entdeckung war keine Neuigkeit für die alten indischen Vaisesika-Philosophen, welche die kleinste Zeiteinheit als die Zeit beschrieben, die ein Atom benötigt, um seine eigene Raumeinheit zu durchqueren. Zeit besteht aus einer Abfolge dieser sehr kleinen Augenblicke, welche das klassische Yoga als kshana bezeichnet.

[16] Lee Smolin, Quantenphysiker, in Atoms of Space and Time, 2003

[17] Vers 48. Eine tiefe spirituelle Erklärung dieser Verse findet sich in: The Rubaiyat of Omar Khayyam Explained, von Paramhansa Yogananda, publiziert von J. Donald Walters (Crystal Clarity Publishers)

stets unsicherem Terrain.[18] Je mehr Berührung wir mit der Realität haben, desto reicher werden wir: Könige, sicher zu Hause, im Königreich der höchsten Erfüllung.

Greifen wir nochmals die Analogie auf, die wir zuvor bereits genutzt haben: Im *Jetzt* befinden wir uns in der Mitte eines Buches, bei der es sich um unsere persönliche Geschichte handelt, dessen Seiten wir herumdrehen, während wir vorwärtsschreiten. Es ist seltsam: Mit unserem *jetzigen* Verhalten bestimmen und erzeugen wir unsere zukünftigen Seiten. Das ist wahr! Schauen wir vom EWIGEN JETZT aus ist die Seite jedoch bereits geschrieben. Ist dann alles vorherbestimmt? Nein, aber der rationale Verstand wird es nicht leicht erfassen. Deswegen lass es ruhen, bis unsere eigenen Erfahrung zu uns spricht, und uns mit Freude sagt:

*Es ist **gut** genug,*
*wenn ich **gut** versuche,*
*ein **gutes** Jetzt zu leben!*

Es gibt ein buchstäbliches „außerhalb-der-Welt"-Buch in Indien: das prophetische ***Book of Brighu***. Es wurde in alten Zeiten von dem großen *Rishi* (Seher) und Astrologen Brighu geschrieben, der mit seinen Schülern Horoskope für Menschen schrieb, die Tausende Jahre später geboren werden würden[19].

Findet man es (es wird an mehreren Orten in Indien aufbewahrt, aber es gibt natürlich auch viele Fälschungen), erhält man sein eigenes Horoskop, das Jahre zuvor in altem Sanskrit abgefasst wurde, und deine Vergangenheit, Gegenwart und Zukunft beschreibt. Erstaunlich aber wahr. Swami Kriyananda fand zum Beispiel sein persönliches Brighu-Horoskop und ließ es wissenschaftlich untersuchen. Die Tinte, die er nutzte, war tatsächlich hunderte Jahre alt. Das Horoskop, das in seinem Namen erstellt würde, enthüllte präzises Wissen über sein Leben, seine gegenwärtige Situation und sagte künftige Ereignisse voraus, von denen sich die meisten bewahrheitet haben.[20]

So können wir fragen wie zuvor: Nachdem wir das gehört haben, ist dann nicht klar, dass alles vorbestimmt ist? Nein. Brighu beobachtete *über* der Zeit das gesamte Buch des Lebens, einschließlich vergangener und künftiger Kapitel. Aber innerhalb der Zeit, innerhalb des Buchs des Lebens, wurde ein

---

[18] In Sanskrit lautet der Begriff für Zeit Kala, was auch Tod bedeutet. Die berühmte Yogaschrift Yoga Vasishta (VI,7.34) vergleicht die Zeit zu einem Töpfer, der ständig sein Rad dreht, unzählige Töpfe produziert und diese später zerschmettert.

[19] Yogananda erklärt: Das Licht des Bewusstseins in solchen Sehern „beleuchtet und offenbart gleichzeitig die Kammern der Vergangenheit, Gegenwart und Zukunft" (Inner Culture, October-December 1940)

[20] Du kannst darüber in The Book of Brighu, von Swami Kriyananda, Crystal Clarity Publishers, lesen.

Gesetz geschrieben, das sich *freier Wille* nennt. Innerhalb des Buchs, wo wir uns befinden, ist der freie Wille ein grundlegendes Lebensprinzip und eine Freiheit, die jedem gegeben ist. Freier Wille existiert *wirklich* und kann jedes Schicksal besiegen. Nochmals: Der rationale Verstand erfasst diese paradoxen Lehren nicht so einfach. Statt zu versuchen, diese mit dem Verstand zu begreifen, sage einfach:

*Es ist **besser**,*
*wenn ich **besser** versuche,*
*ein **besseres** Jetzt zu leben!*

Yogananda schreibt über „eine dimensionslose Verbindung", die ihm seine vergangenen Inkarnationen genauso wie seine zukünftigen sehen ließ. Haben nicht auch viele andere Menschen diese dimensionslose Verbindung berührt? Vielleicht hatten wir auch eine Ahnung in Bezug auf ein künftiges Geschehnis, die sich bewahrheitet hat, etwas, das wir auf normale Weise niemals gewusst hätten. Oder wir haben von einem künftigen Ereignis geträumt, das später tatsächlich eintrat. In diesem Fall hatten wir auch mit dieser dimensionslosen Verbindung zu tun. Es ist endlos faszinierend: die künftigen Kapitel des Lebensbuchs sind bereits geschrieben und trotzdem müssen sie noch geschrieben werden, da die Zukunft nicht festgelegt ist. Um es noch klarer zu machen: „Es ist und es ist nicht und weder ist es noch ist es nicht." Verwirrend? Natürlich. An diesem Punkt sage einfach mit Humor:

*Es ist am **Besten**,*
*wenn ich mein **Bestes** gebe,*
*um das **Beste** aus meinem Jetzt zu machen!*

Eine Sache trifft jedoch zu: Die Großen sagen, dass das letzte Kapitel des Buchs für jeden glorreich ausgeht: ein glücklicher Ausgang in das unendliche EWIGE JETZT. Das ist das beste *Happy End* überhaupt!

KREATIVE PAUSE ZUR ARBEIT MIT DEM NOTIZBUCH

» Wiederhole die Botschaft dieses Tages mit deinen eigenen Worten so klar, wie du kannst.

» Nimm dir einen Augenblick Zeit, um darüber nachzudenken, wie es auf dich und dein Leben zutrifft.

» Wie kannst du es praktisch so anwenden, dass du die Qualität deines täglichen Lebens verbesserst?

» Nimm dein Notizbuch und schreibe es auf.

AFFIRMATION UND ÜBUNG DES TAGES
Nimm diese Affirmation und dieses Verhalten für diesen Tag (oder morgen, falls es Abend ist) mit dir, ganz gleich, wohin du gehst und was du tust:

„Ich lebe jetzt, ich tue mein Bestes,
und die Zukunft wird sich um sich selbst kümmern."

TAG 26
INNERE BEREITSCHAFT

Von jetzt bis Tag 31 wirst du viele praktische Schritte vorfinden, um das EWIGE JETZT zu erlangen.

INNERE BEREITSCHAFT

Es könnte einen inneren Widerstand gegen das unbekannte EWIGE JETZT geben. In diesem Fall ist es besser, erst einmal zu entspannen, dieses Buch hinzulegen und sich an dem wunderschönen Himalajapanorama zu erfreuen, dass wir bisher gesehen haben. Wir wollen die Höhenkrankheit auf diesem höheren Plateau vermeiden. Die Luft fühlt sich hier oben vielleicht ein wenig dünn an. Jeder wird in seiner eigenen Zeit seinen mystischen Augenblick erreichen. Wahre Yogaweisheiten werden zum Glück niemals aufgezwungen, sondern werden mit Liebe und frei für diejenigen angeboten, die begierig sind, sie zu lernen und auszuüben.

An erster Stelle: Der Pfad zum EWIGEN JETZT ist harte Arbeit. Es ist wahr, dass einige Seelen es ohne Mühe und spontan erreicht haben, aber das ist selten der Fall und hat mit ihrer Vergangenheit zu tun. Andere brauchen Feuer, Liebe und Beständigkeit, um Schritte nach vorne machen zu können. Die Welt ist klebrig wie ein Kaugummi und zieht uns ständig in den Fluss der Vergangenheit, der Gegenwart und der Zukunft. Das *Jetzt* offenbart sich in tiefer Meditation als nichts außer Blindheit, in der wir manchmal die Wärme des Sonnenscheins leben und manchmal das Eis gefrierender Kälte.[21] Das *Jetzt* ist tatsächlich wie ein Traum, der ständig die Erfüllung verspricht und sich wie eine Prostituierte verhält: Es macht jedermann farbenfreudige Versprechen, ist aber niemandem treu. Das *Jetzt* wird, wenn es nicht auf ein

---

[21] Der Fluss der Zeit bindet und macht uns blind: Meister Eckhart, der deutsche Mystiker, merkte an: „Die Zeit ist, was das Licht hindert, zu uns zu dringen."

tieferes Niveau gebracht wird, uns an letzter Stelle leer machen. Das EWIGE JETZT alleine gibt uns die Erfüllung, nach der unsere Seelen suchen.

Die äußeren Augen denken, dass sie sehen, aber sie sind blind. „Sehend sehen sie nicht."[22] Denke über diese Aussage nach, und deine innere Haltung ändert sich langsam. Deine äußere Vision wird in Indiens großem Epos, dem *Mahabharata*, durch den blinden König Dhritarshtra symbolisiert. Er ist der Vater von 100 üblen Söhnen, womit gemeint ist: Unsere weltliche Blindheit gibt einer Menge von missgeleiteten Energien Vorschub. Jesus sprach über den „Blinden, der den Blinden führt." Er meinte dieselbe spirituelle Blindheit und fügte humorvoll hinzu: „Sie werden in einen Graben fallen." Es ist der Graben, zu dem das weltliche Leben führt. Der einzige Weg heraus ist lernen zu *sehen*: nicht intellektuell („Oh, ich sehe!") sondern durch die Entwicklung der inneren Version, so „dass du sehend siehst", ohne wieder in einen dieser Gräben zu fallen. Dann *fühlen-sehen* wir, während wir das äußere *Jetzt* sehen, eine unterliegende Gegenwart, die so ruhmvoll ist, dass unser Herz spontan *Halleluja!* singen wird.

„Amazing Grace" ist ein wahres Lied. Der Komponist hat, wie man fühlen kann, wirklich erlebt: „Ich war blind, aber jetzt kann ich sehen." (Und er konnte auch *hören*! Wenige Christen verstehen seine mystischen Worte: „Wie süß dieser Klang", die Erfahrung des inneren Klangs des OM). Er machte diese Erfahrung in einem christlichen Umfeld. Dasselbe Augenöffnen (wörtlich!) geschieht Menschen aller Religionen oder feinfühligen Atheisten (bei denen es sich einfach um religiös Unangepasste handelt), da es sich bei der versteckten Realität um eine Wahrheit handelt. Wissenschaftler sprechen von Quantumfeld", von der „ungebrochenen Ganzheit", von „self-aware space"[23] oder von „Nullpunktfeld." Yogananda beschrieb es folgendermaßen[24]:

Oh Vater,
als ich blind war,
fand ich keine Tür, die mich zu dir führte,
aber jetzt, da du meine Augen geöffnet hast,
finde ich überall Türen:
im Herz der Blumen
in der Stimme der Freundschaft
in den süßen Erinnerungen an alle wunderbaren Erfahrungen.
Jeder Windstoß meines Gebets
öffnet eine neue Tür
im unermesslichen Tempel deiner Gegenwart.

---

[22] Matthäus 13:13
[23] Ein empfehlenswertes wissenschaftliches Buch ist: Das bewusste Universum, von Amit Goswami, Ph.D.
[24] Aus: Whispers From Eternity

Um vom Jetzt in das EWIGE JETZT zu kommen, müssen wir uns an die Spielregeln halten. Diese Regeln sind universell. „Mach, was du willst, du bist *frei*!" ist eine schlechte Lehre. „Lerne die Regeln des Lebens und halte dich bescheiden daran" ist viel weiser. Die erste Regel lautet: Wir sind alle Individuen und unsere Wege verlaufen daher auch individuell. Um die Mitte aller Dinge zu erreichen, müssen wir von dort aufbrechen, wo wir sind. Diejenigen, die sich nördlich des Äquators befinden, müssen in den Süden gehen, wenn sie diese erreichen möchten. Diejenigen, die im Süden sind, müssen sich in den Norden begeben. Menschen, die überwiegend im Herzen leben, wird man lehren, dieses Instrument weise und stark, aber auch mit ausgewogener Unterscheidung zu verwenden. Diejenigen, die sich hauptsächlich von der Willenskraft und der Vernunft leiten lassen, wird man unterrichten, diese Fähigkeiten weise zu gebrauchen und sie mit der Liebe ihres Herzens abzuwägen. Wahre Lehre ist kurz gesagt stets individuell und persönlich und niemals dogmatisch.

Auch nachdem dies gesagt ist, gibt es immer noch Spielregeln, die für alle gelten. Das EWIGE JETZT kann nicht erreicht werden, wenn wir eine gewaltsame Haltung herausbilden. Es gibt grundlegende Lehren, die für dich, für mich und für jeden wahr sind (auch wenn es wie immer Ausnahmen von der Regel gibt). In dieser Welt gibt es keine perfekten Unbedingtheiten. Die wirst hier für die nächsten Tage universelle Schritte für deinen Aufstieg zum EWIGEN JETZT finden.

KREATIVE PAUSE ZUR ARBEIT MIT DEM NOTIZBUCH

» Wiederhole die Botschaft dieses Tages mit deinen eigenen Worten so klar, wie du kannst.

» Nimm dir einen Augenblick Zeit, um darüber nachzudenken, wie es auf dich und dein Leben zutrifft.

» Wie kannst du es praktisch so anwenden, dass du die Qualität deines täglichen Lebens verbesserst?

» Nimm dein Notizbuch und schreibe es auf.

AFFIRMATION UND ÜBUNG DES TAGES

Nimm diese Affirmation und dieses Verhalten für diesen Tag (oder morgen, falls es Abend ist) mit dir, ganz gleich, wohin du gehst und was du tust:

*„Ich bin meinem Weg, meinem Ziel, meinen Idealen
stark verpflichtet."*

TAG 27
MEDITATION

Meditation ist hören. Sie ist die „Feinabstimmung" unserer inneren Ohren, unserer inneren Augen, unseres inneren Herzens. Meditation macht uns empfänglicher, feinsinniger und bewusster für unsere tieferen Wirklichkeiten. Kein Rowdy würde jemals das EWIGE JETZT wahrnehmen. Meditation führt uns nach innen, in unsere Mitte, zu unserem höheren Selbst und unserem höheren Potenzial. Die alte Lehre der Selbstverwirklichung sagt: „Du bist mehr, als du denkst, und die Welt ist mehr, als du siehst. Viel mehr." Meditation bringt uns nicht nur ins Innere sondern nach oben zu einem höheren Bewusstsein, in höhere Realitäten. Es handelt sich dabei nicht um die Imagination oder eine Art von Droge sondern um das, was ist, um tiefere Schichten der Existenz. Meditation beschränkt sich auch nicht auf eine bestimmte Religion. Sie ist eher eine Wissenschaft, ein inneres Labor. Meditation ist eine Technik, um in die Stille zu gehen, was dann innere Wahrnehmung ermöglicht. Wahre Meditation ist niemals passiv, sondern benötigt hohe Energie. Passive Meditation führt zum Schlaf und nicht zur Wahrnehmung. Meditation bedeutet auch nicht, „tief zu denken". Sie versucht stattdessen, uns über das Denken hinaus in einen tiefen Zustand der Stille und Ruhe zu versetzen. Diese Stille ist weder geistige Abwesenheit noch Leere sondern Fülle, wie sie uns das äußere Leben niemals geben kann. Durch regelmäßige Meditation werden wir zentriertere, stärkere und unabhängige Menschen, die losgelöster von den Hochs und Tiefs des Lebens sind. Meditation schenkt uns daher innere Freiheit. Sie macht froh, denn sie öffnet uns für unsere innere Freude. Meditation wird im äußeren Leben als Güte, Klarheit sowie ein spontanes Gefühl der Zusammengehörigkeit zu Anderen und zur Natur umgesetzt. Meditation beschleunigt unsere innere Entwicklung, sie bildet ein inneres Wissen heraus: die Intuition.

Was Meditation in Bezug auf die Zeit verursacht, ist: Du machst einen Schritt rückwärts, aus der Zeit heraus. Du wirst ein Beobachter von allem, einschließlich deines Körpers, einschließlich deiner Gedanken, einschließlich von allem, was du fühlst. Du wirst einfach ein „Ich bin" außerhalb des Films der Zeit. „Ich bin" oder „bin" ist keine Person mehr. Es *ist*. Was dich zurück in den Körper und in den Fluss der Zeit zieht, sind zwei Dinge: Gedanken und Atem. Sie sind Ketten, die dich an die Zeit, an den Film dieser Welt binden. Je mehr du aber im Rahmen der Meditation deine Energie aus deinem Film und sogar aus deinem Körper ziehst, umso mehr werden deine Gedanken und dein Atem auf natürliche Weise ruhiger werden. Deswegen arbeiten Yogis mit Energie, *Pranayama*, der Kontrolle von Energie und dem Rückzug der Energie.

Meditiere über diese Aussage. Erforsche sie:

*Dieser gegenwärtige Augenblick, dieses **Jetzt**, ist,*
wenn er vom Körper, von den Gedanken
und vom Atem, von dem äußeren
Film befreit wird,
ewig.

Mit anderen Worten: „Verstehe diesen gegenwärtigen Augenblick (in seiner Unverdorbenheit) und du verstehst die Ewigkeit."

Hier folgt ein gutes Thema, das in der Meditation erforscht werden kann:

Meditiere nicht nur über das, dem du dir bewusst bist,
*sondern über das, **durch** das du dir bewusst bist.*
*Entdecke den **Ursprung** deines Bewusstseins.*

Mit anderen Worten: Erzeuge im Rahmen der Meditation eine Distanz zu allem, dessen du dir bewusst bist, was du fühlst, was du denkst: *alles*. Verbrenne es in Gedanken mit Freude und in Freiheit! Dann schau, *durch* was du dir bewusst bist. Es führt dich zu deinem wahren „ich", zu einem wahrhaftigen „ich bin", zu einem reinen Leben im *Jetzt*. Da, am Ursprung deines Bewusstseins, in seinem tiefsten Zentrum, schmilzt die Trennung vom EWIGEN JETZT oder von Gott. „Der Jogi sitzt in Meditation und beobachtet seine Handlungen in losgelöster Form, wie eine Schlange, die sich häutet, die Bewusstheit und die Anhaftung mit dem Körper gehen zurück, der Paradiesvogel fliegt weg und ist nicht länger an seinen Käfig der Sterblichkeit gebunden."[25]

Meditiere! Stärke die Flügel deiner inneren Freiheit täglich. Lass diese Lehren deine eigene Erfahrung werden.

Mantras verleihen unseren Meditationsflügeln Kraft. Ein effektives Mantra ist das sehr alte *Hamsa-Mantra*.[26] Yogananda lehrte, dass es „Hong Sau" ausgesprochen werden sollte, da die zwei inneren Strömungen, aus denen heraus das Mantra erschaffen wurde, ursprünglich so klangen. Dieses Mantra beruhigt den Atem und führt an letzter Stelle zu einem natürlichen Zustand der Atemlosigkeit: völlige Freiheit vom Körper. Die richtige Technik, mit der man es übt, ist der *stille Beobachter*. Sie wird auf dem nächsten Plateau unterrichtet.

---

[25] Yogananda
[26] Auch Hansa geschrieben. Man findet es bereits in der altertümlichen Rig Veda und es handelt sich um eine Bija („Samen") Mantra, die universelle Kraft in sich birgt.

Diese Techniken führen uns zum Leben selbst, zum Mysterium, das ihm zugrunde liegt, das man „Gott", „Geist" oder YHVH (die hebräische Bezeichnung) nennt: zur Unpersönlichkeit des reinen Bewusstseins, zum EWIGEN JETZT. Yogis nennen es *Satchidananda*: immer existierendes, immer bewusst, immer neues Glück. Es ist immer neu, sogar völlig veränderungslos. Es ist ein Ozean des Bewusstseins, wenn auch ohne Raum. Die JETZT-Gegenwart kann mit dem Verstand nicht wirklich erfasst werden (sogar mit den besten Erklärungen), aber sie kann in innerer Stille erfahren werden. Dabei wiederum handelt es sich um den tiefgründigsten und höchsten Zweck der Meditation.[27]

ES FOLGEN DREI WARNUNGEN:

So unpersönliche Praktiken können bewirken, dass wir das Herz vernachlässigen. Ohne Hingabe fehlt unseren Meditationsflügeln größere Kraft. Integriere diese zum Beispiel gegen Ende in deine Technik, indem du dich auf die Große Quelle an sich konzentrierst.

Das Ziel besteht nicht in einer passiven geistigen Leere, in einer leeren Unbewusstheit. Meditiere über das, was durch den reinen Zustand des Seins hervorgerufen wird: Freiheit, intensives Sein, Stille, ein Gefühl der Weite, des Friedens oder Glücks.

Bist du ehrlich und gehst tief in die meditative Praxis, wird dich das ändern. Aber pass auf, wo die „Flügel" dich hintragen. Die Richtung muss korrigiert werden, falls du eines der folgenden Dinge wirst: ichbezogen, schüchtern oder weltverneinend, zu sensibel gegenüber allem, äußerlich unbewusst oder verwirrt, wenn du das Essen auf dem Herd anbrennen lässt und ähnliche Dinge, blass und fast durchsichtig, das Leiden deines Nachbarn nicht mehr bemerkst, fröhlich auf deiner persönlichen Wolke dahintreibst, faul wirst in Bezug auf körperliche Bewegung, stolz bist auf dein besseres Verstehen, dich in äußeren Situationen verantwortungslos verhältst. Als allgemeine Regel sollten Menschen mit ernsten psychologischen Störungen überhaupt nicht meditieren. Ein Psychologe sollte das entscheiden.

Geht es um die Endgültige Wahrheit ist der menschliche Verstand (und die organisierte Religion) blind: Er berührt diese Wahrheit ein wenig vielleicht durch Schriften oder irgendwelche Erfahrungen und dann denkt er: „Ich *weiß*!" Andere, die andere Schriften gelesen oder einen unterschiedlichen Aspekt erfahren haben, sagen mit Nachdruck: „Ich *weiß*!" Und bald beginnt der religiöse Kampf: Blindheit gegen Blindheit. Diese Situation wird in der traditionellen indischen Geschichte über sechs blinde Jungen perfekt auf den Punkt gebracht. So wurde sie von Yogananda erzählt:

---

[27] Frithjof Schuon, mystischer Lehrer, schrieb diese schönen Worte: „Tell thyself that God is the Now, and remain in holy silence, God-consecrated stillness." (from The Present Moment)

Es war einmal ein Elefantenreiter, der seinen sechs blinden Söhnen befahl, den Familienelefanten zu waschen. Die sechs blinden Jungen waren sehr stolz, dass ihnen ihr guter Vater diese Chance bot. Jeder der Jungen war äußerst sorgfältig bei der Diagnose seiner ersten Erfahrung mit dem Elefanten, als er ihn wusch. Jedem Jungen wurde ein bestimmter Bereich des Elefantenkörpers zum Waschen zugeteilt und jeder Junge war außer sich vor Freude, weil er dachte, er wisse, wie der Elefant aussehe.

Nach einer Stunde, als das Elefantenwaschen vorbei war, rief jeder der blinden Söhne das Gleiche: „Ich weiß alles über den Elefanten!" Der erste Sohn sagte zum zweiten Sohn: „Nun, wie sieht der Elefant aus?" Der zweite Bruder, der die Flanken des Elefanten abgewaschen hatte, rief: „Oh, der Elefant ist einfach wie eine riesige Wand." Der erste Sohn, der den Rumpf des Elefanten gewaschen hatte, sagte spöttisch: „Du sprichst Unsinn. Der Elefant ist einfach wie eine Bambusstange." Der dritte Sohn, der die Ohren des Elenfanten gewaschen hatte, hörte sich den Streit seiner zwei Brüder an, lachte und rief: „Hey, ihr Dummbeutel, ihr wisst *gar nichts*. Der Elefant ist wie zwei große Bananenblätter." Der vierte Sohn, der die vier Beine des Elefanten gewaschen hatte, hörte die Bemerkungen seiner Brüder, die er für absurd erachtete, und rief: „Ihr liegt alle falsch. Es ist lächerlich, dass ihr über etwas streitet, von dem ihr *keine Ahnung* habt. Der Elefant ist nichts anderes als ein riesiges Dach aus Fleisch, dass von vier Fleischsäulen gehalten wird. Der fünfte Sohn, der die Stoßzähne des Elefanten gewaschen hatte, war außer sich vor Lachen und schrie: „Ihr blöden Idioten, hört mir zu. Ich erkläre auf Grundlage meiner *absoluten Erfahrung*, dass der Elefant nichts ist als ein paar Knochen." Der sechste Sohn, der den Schwanz des Elefanten gewaschen hatte, brach in hysterisches Lachen aus und rief: „Ihr müsst alle verrückt sein oder *halluzinieren*. Der Elefant ist nur ein Stückchen Schnur, das vom Himmel herunterhängt. Der sechste Sohn war der jüngste und ziemlich klein, weswegen er an das Oberteil des Elenfantenschwanzes nicht herankam und deswegen dachte, dass der Elefant eine *himmlische Schnur* sei, die sehr lebendig sei und von den Göttern zur Erde hinuntergehangen wurde.

Der Vater, der in der Nähe etwas Reis für den Elefanten kochte, hörte all dieses Gezanke über den Elefanten mit großem Erstaunen und rannte zu seinen Kindern, als der Streit in eine Massenschlägerei verkommen war. Er brüllte aus voller Kehle: „Ihr jungen Dummköpfe verschiedenster Art, hört mit diesem Streit auf und lasst euch sagen, dass ihr *alle richtig* und auch *alle falsch* liegt." Die sechs Söhne riefen unisono: „Wie kann das möglich sein?" Darauf antwortete ihr Vater: „Ich bin es, der den ganzen Elefanten gesehen hat, und ich weiß, dass ihr alle recht habt, denn jeder von euch hat einen Teil des Elefanten beschrieben, aber ihr liegt auch alle falsch, denn ein Elefant ist weder ein paar Stoßzähne, noch vier Beine, noch ein Rumpf, noch eine riesige Wand aus Fleisch, noch ein Schwanz, sondern die Gesamtheit all dieser Dinge. Sieht man sich den Schwanz oder den Rumpf isoliert vom Elefanten an, kann man dies nicht als Elefant bezeichnen!"

Meditation ist *Wissen*, nicht Glauben. Sie führt zur *Verbindung*, nicht zur Trennung. Sie sieht einen einzigen Tempel der Wahrheit, ganz gleich wo. Eine gute Technik, um in Berührung mit dem EWIGEN JETZT zu kommen, ist eine Beobachtung des Atems. Konzentriere dich besonders auf die Augenblicke der Stille, wenn der Atem naturbedingt angehalten wird. Atemlosigkeit ist die Tür, die aus dem Jetzt ins versteckte *EWIGE JETZT* führt. Yogananda lehrte Kriya Yoga, eine sehr fortgeschrittene Technik, die wissenschaftlich belegbar zur Atemlosigkeit führt (*Kevala Kumbhaka*, wie sie von den Yogis genannt wird). Ohne solche Techniken würden nur sehr wenige Menschen jemals das EWIGE JETZT erreichen.

KREATIVE PAUSE ZUR ARBEIT MIT DEM NOTIZBUCH
Wiederhole die Botschaft dieses Tages mit deinen eigenen Worten so klar, wie du kannst.
» Nimm dir einen Augenblick Zeit, um darüber nachzudenken, wie es auf dich und dein Leben zutrifft.
» Wie kannst du es praktisch so anwenden, dass du die Qualität deines täglichen Lebens verbesserst?
» Nimm dein Notizbuch und schreibe es auf.

AFFIRMATION UND ÜBUNG DES TAGES
Nimm diese Affirmation und dieses Verhalten für diesen Tag (oder morgen, falls es Abend ist) mit dir, ganz gleich, wohin du gehst und was du tust:

*„Ich meditiere,
um das Leben und mich
tiefer zu verstehen."*

TAG 28
DER GURU

Die Saite einer Gitarre, die gut auf ein Klavier abgestimmt ist, wird erklingen, ohne berührt zu werden, wenn man dieselbe Note auf dem Klavier spielt. Das ist das Gesetz der Resonanz. Gleiches passiert, wenn wir „unsere Saiten" auf jemanden abstimmen, dessen Bewusstsein sich im EWIGEN JETZT befindet. Seine „Note" wird rechtzeitig in uns selbst erklingen. Ohne eine solche Einstimmung werden die meisten Menschen meistens im äußeren Labyrinth der Vergangenheit, der Gegenwart, der Zukunft verloren sein.

Ein wahrer Guru schwächt unseren Willen niemals, sondern er wird ihn stärken. Er (oder natürlich *Sie*) stärkt unsere Anziehungskraft. Genauso wie wir in der Gesellschaft einer zufriedenen Person zufriedener werden, bekommen wir in der Gesellschaft eines wahren Gurus, bei dem es sich um einen starken spirituellen Magneten handelt, spirituelle Kraft. Sogar *innere* Gesellschaft funktioniert. Es gibt wahre Gurus (sogenannte *Sat-Gurus*), *falsche Gurus* (verblendet, mit egoistischen Beweggründen), „*unausgegorene Gurus*" (gute spirituelle Lehrer auf verschiedenen Entwicklungsstufen, die selbst noch zu lernen haben). Ein wahrer Guru ist nicht groß, eben weil er groß ist. Er hat kein Ego und er ist wie ein reines Fenster, durch das Gottes Licht in seiner Gänze scheint. Daher sagt er niemals: „Ich bin groß", sondern eher „Ich bin nichts und Gott ist alles". In der Zwischenzeit ist er jedoch wie eine Transformationsstation, um eine weitere Metapher zu nutzen, durch die göttliche Strömung zu Anderen fließt und er akzeptiert diese Autorität. Gleichzeitig gründet das Verhältnis zwischen Guru und Schüler auf reine Liebe. Der Guru gibt, er nimmt nicht. Er führt uns in die Freiheit und nicht in die Sklaverei. Es ist weise, dem Guru zu folgen, und nicht dumm. Ohne solche Unterstützung fehlt uns der erforderliche Impuls, um unseren inneren Gipfel zu erreichen.

Manchmal hört man: „Der Guru ist in deinem Inneren". Das ist weise, wenn es bedeuten soll: „Der Guru handelt aus deinem Inneren heraus". Die egoistische Auslegung sagt jedoch: „Ich bin mein eigener Guru". Das ist ignorant. Es ist jedenfalls wahr, dass der Guru nicht größer ist als man selbst, oder um es besser auf den Punkt zu bringen, selbstverwirklichter. Er nimmt uns mit auf dasselbe Niveau, das er selbst erreicht hat: den Gipfel des Bewusstseins[28].

---

[28] Jesus erklärte: „Es ist der Jünger nicht über dem Lehrer; jeder, der vollendet ist, wird sein wie sein Lehrer" (Lukas 6:40). Und: „der wird die Werke, die ich tue, auch tun" (Johannes 14:12).

Hier kommt eine Geschichte, die wiederum aus Indien stammt:

Astabrak Rishi war ein großer Heiliger. Er pflegte, das Bild seines Gurus zu verehren, indem er als Ausdruck seiner Hingabe Blumen darauf streute. Seine Konzentration wurde so tief, dass er mit einem Mal das gesamte Universum in seinem Bewusstsein sehen konnte. Plötzlich begann er, Blumen auf seinen eigenen Kopf zu streuen und rief: „Oh, oh, ich streute Blumen auf das Bild eines Anderen, aber jetzt sehe ich, da ich keine Berührung mehr zu diesem Körper habe, dass ich eins bin mit dem Erhalter dieses Universums. Oh, oh, ich verbeuge mich immerzu vor mir selbst."

Sein Guru hatte ihn in diesem Moment zur Vereinigung mit dem Kosmos auf die Spitze des Berges gebracht. Das ist natürlich ein hoher Zustand. Zuerst kommt die Stufe des Erfahrens, Fühlens und vertrauten Umgangs mit der ZEITLOSEN GEGENWART und später kommt die Vereinigung. Ich bin Das.

KREATIVE PAUSE ZUR ARBEIT MIT DEM NOTIZBUCH

» Wiederhole die Botschaft dieses Tages mit deinen eigenen Worten so klar, wie du kannst.

» Nimm dir einen Augenblick Zeit, um darüber nachzudenken, wie es auf dich und dein Leben zutrifft.

» Wie kannst du es praktisch so anwenden, dass du die Qualität deines täglichen Lebens verbesserst?

» Nimm dein Notizbuch und schreibe es auf.

AFFIRMATION UND ÜBUNG DES TAGES

Nimm diese Affirmation und dieses Verhalten für diesen Tag (oder morgen, falls es Abend ist) mit dir, ganz gleich, wohin du gehst und was du tust:

„Um den inneren Berg zu bezwingen,
bin ich offen für die Führung
eines klugen Bergführers."

TAG 29
WALLFAHRT

Heilige Schreine wie Badrinath im Himalaja sind Öffnungen zum EWIGEN JETZT. Der Schleier zwischen dem *Jetzt* und dem EWIGEN JETZT ist dort dünner. Diesen oder einen anderen heiligen Schrein zu besuchen kann für unsere innere Reise unschätzbar wertvoll sein. Der Besuch an einem Zentrum der spirituellen Kraft und seine Schwingungen beschleunigen unsere Verwirklichung und Wahrnehmung. Häufig verbessert so eine Pilgerschaft unser Innenleben. Oft fühlt man sich dann innerlich erhaben und frei wie ein Vogel.

Wahre Pilgerschaft findet jedoch im Innern statt: die Reise von der Zeit zur Zeitlosigkeit, aus dem Tal zum Gipfel des Bewusstseins. Jede äußere Pilgerschaft sollte von einer inneren Pilgerschaft begleitet werden, wenn man langfristig Nutzen daraus ziehen möchte. Deswegen sollten wir, wenn wir einen heiligen Ort besuchen, in unserem Herzen und unserem Geist ganz still sein, in uns gehen und dazu in der Lage sein, die versteckte Strömung zu empfangen.

Swami Kriyananda erzählt von einer wundervollen Erfahrung während seiner Pilgerschaft zu Schreinen des Heiligen Franziskus: „Ich war nicht darauf vorbereitet, so eine wunderbare Anmut zu spüren, wie ich sie erlebt habe, als ich in Rivortoto und bei der *Portiuncola* in Assisi saß und meditierte. Seine Segnungen erfüllten meine Seele. Und dann verstand ich den Wert der Pilgerschaft erneut. Als ich diese heilige Anmut des Heiligen Franziskus in meiner Meditation spürte, fragte ich mich: Wie kann es für jemanden möglich sein, so überaus anmutig zu sein? Und dann kam die Antwort: indem man niemals über jemanden urteilt. Indem man für alle aus dem Herzen heraus ein Bruder oder eine Schwester ist. Durch völlige Bescheidenheit, aber vor allem, indem man niemals urteilt."

KREATIVE PAUSE ZUR ARBEIT MIT DEM NOTIZBUCH

» Wiederhole die Botschaft dieses Tages mit deinen eigenen Worten so klar, wie du kannst.

» Nimm dir einen Augenblick Zeit, um darüber nachzudenken, wie es auf dich und dein Leben zutrifft.

» Wie kannst du es praktisch so anwenden, dass du die Qualität deines täglichen Lebens verbesserst?

» Nimm dein Notizbuch und schreibe es auf.

AFFIRMATION UND ÜBUNG DES TAGES
Nimm diese Affirmation und dieses Verhalten für diesen Tag (oder morgen, falls es Abend ist) mit dir, ganz gleich, wohin du gehst und was du tust:

„Mein Tag ist eine Pilgerschaft
in die Tiefen der lebendigen Gegenwart."

TAG 30
UNSER ALLTAG

„Carpe diem" und „lebe völlig im *Jetzt*" könnte die Philosophie des vergnügenssüchtigsten Menschen sein. Unser *Jetzt* benötigt eine Aufwärtsrichtung, wenn wir aufwärts zum EWIGEN JETZT wachsen möchten. Daher lehren Yogis Patanjalis 10 *Yamas* und *Niyamas*. Diese wurden über Jahrhunderte studiert und angewandt und es handelt sich bei ihnen um allgemeine, im Laufe der Zeit erprobte innere Verhaltensweisen für die innere Reise. Sie stellen keine weiteren zehn „Gebote" dar, denen wir gehorchen müssen, weil uns eine Schrift sagt, dass wir das tun sollen. Sie sind Bedürfnisse, wie das Fundament eines Hauses. Innere Einstellungen helfen uns, im Jetzt die richtige Richtung einzuschlagen und es dem EWIGEN JETZT zu ermöglichen, sich zu manifestieren. Die *Yamas* und *Niyamas* sind ein umfassendes und gutes Thema. Sie sind alle sehr vielseitig, aber es soll hier ausreichen, sie in kurzen Worten zu beschreiben:

1. *Gewaltlosigkeit (Ahimsa):* Wende sie auf deine Handlungen, Worte und Gedanken anderen und dir selbst gegenüber an. Ein gewaltsames Bewusstsein kann höhere Realitäten nicht wahrnehmen.

2. *Wahrhaftigkeit (Satya):* Durch die Wahrhaftigkeit stimmen wir uns auf die höhere Wahrheit ein bzw. kommen auf ihre Wellenlänge. Verfälsche die Wahrheit im Laufe des Tages niemals zu deinem Vorteil. Sei dir selbst gegenüber wahrhaftig. Sage anderen gegenüber auf weise Art die Wahrheit: Manchmal ist Schweigen besser als die harte Wahrheit. Erinnere dich, dass die Wahrheit immer heilsam ist.

3. *Verzicht auf den Besitz fremder Dinge (Ashteya):* Wünsche ziehen unsere Energie wie Magneten aus uns heraus. Um das EWIGE JETZT zu erfahren, muss unsere Energie nach innen in unser Zentrum fließen. Affirmiere stets: „Ich brauche nichts. Ich bin frei."

4. *Verzicht auf Sinneslust (Brahmacharya):* Die Sinne halten unsere Energie am Körper. Ein starkes Körperbewusstsein ermöglicht ein Leben im *Jetzt*,

aber versteckt das EWIGE JETZT. Ein sinnlicher Mensch wird tiefere Wahrheiten niemals wahrnehmen. Fange die ersten sinnlichen Gedanken und Gefühle auf, wenn sie hochkommen und wirf sie heraus und lenke deine Gedanken auf etwas anderes.

5. **Verzicht auf Besitzdenken (Aparigraha):** Unser Bewusstsein muss frei sein, um zum EWIGEN JETZT aufzusteigen. Anhängsel sind wie Steine, die einen Heißluftballon am Boden ankern lassen. Löse dich selbst nicht nur von Dingen sondern auch von dir selbst. Lass einen Teil von dir im Alltag ein schweigend lächelnder Beobachter sein, der weiß: Das ist alles ein Film.

6. **Reinheit (Saucha):** Sei rein in Körper, Seele, Herz und Geist. Reinheit nimmt Reinheit wahr und Reinheit zieht Reinheit an. Sonst gibt es auf dem Fenster deines Bewusstseins zu viele Flecken

7. **Genügsamkeit (Santosha):** Sie schenkt die Ruhe des Geistes, die Entspannung, Offenheit und innere Ruhe: Bei allen handelt es sich um Eigenschaften, die dafür erforderlich sind, um das EWIGE JETZT zu erfahren. Praktiziere dies mit all deiner inneren Stärke ganz besonders, wenn das Leben grau ist.

8. **Selbstkontrolle (Tapasya):** Es gibt Tendenzen in uns, die uns von unserem inneren Pfad wegziehen und die kontrolliert werden müssen. Wir benötigen ein bestimmtes Maß der Disziplin, der Hartnäckigkeit, der starken „Nicht-Kraft" auf dem Weg. Übe dies eher freudig mit kleinen als mit großen Dingen.

9. **Studium der heiligen Schriften (Swadhyaya):** Analysiere deine Gründe, deine Merkmale, deine Gewohnheiten, deine Reaktionen, um dazu in der Lage zu sein, sie zu ändern, falls es erforderlich ist. Selbststudium bezieht sich auch drauf, dein höheres Selbst, das natürlich im Kontakt mit dem EWIGEN JETZT ist, zu studieren und zu affirmieren. Das Selbst kennt keine Zeit.

10. **Hingabe (Ishwara Pranidhana):** Dabei könnte es sich um den wichtigsten Punkt handeln: Nichts wird jemals ohne Hingabe, ohne Feuer in unserem Herzen, ohne Leidenschaft für das Ziel erreicht. Für unseren Alltag ist diese Betrachtung der Verbundenheit ein guter hingebender Gedanke: „Denn in ihm leben wir, bewegen wir uns und sind wir."[29]

Eine andere wichtige Lehre für unsere täglichen Aktivitäten ist, was im Sanskrit als **Karma Yoga** bezeichnet wird. Sie hat zum Zweck, vollständige innere Freiheit zu erreichen, während wir handeln. Unsere Handlungen binden uns normalerweise an das Ergebnis, an die Zukunft, an die emotionalen Hochs und Tiefs, an die Ruhelosigkeit, an das Ego, an das kleine **Jetzt**, während wir nach dem EWIGEN JETZT streben. Innere Freiheit erreichen wir hauptsächlich dadurch, dass wir **ohne persönlichen Wunsch** handeln.[30]

---

[29] Apostelgeschichte 17:28
[30] *Nishkam Karma* in Sanskrit: Handeln ohne Wunsch.

Hier folgen einige Richtlinien für das *Karma Yoga* („Verbundenheit durch Handeln"):

» Handele aus einem positiven Zweck heraus und nicht für dich selbst. Handele, weil es sich um die richtige Sache handelt, die du tun solltest, und nicht nur, weil es deinem Wunsch entspricht. Diese Haltung befreit dich von der Beteiligung deines Egos.

» Während du handelst, kümmere dich nicht um die Ergebnisse deiner Handlungen: Ganz gleich, ob sie zum Erfolg führen oder nicht, sei innerlich frei und lächele. Was zählt ist nur, dass du dein Bestes getan hast. Das befreit dich von emotionalen Hochs und Tiefs.

» Handele stets im Hier und Jetzt. Das befreit dich davon, in der Zukunft zu leben.

» Was du tust, ist weniger wichtig, als, wie du es tust. Lass bewusst gute Eigenschaften in deine Handlungen einfließen: Freude, Liebe, Ruhe, Begeisterung. Diese Haltung befreit dich von weltlichen Werten und von dem Wunsch nach einer Position, nach persönlicher Wichtigkeit und nach Applaus. Es befreit dich auch, ein „Kanal" für eine höhere Energie zu werden, was dich eventuell zu der Wahrnehmung führt: „Das bin nicht ich, der hier handelt, sondern etwas Größeres handelt durch mich."

» Tue dein Bestes, um dein Bewusstsein auf höherem Niveau zu halten. Wehre dich dagegen, von deinem inneren oder äußeren Umfeld in die Negativität, den Egoismus, die Spannung gezogen zu werden. Das befreit dich von negativen Einflüssen und ist ein ständiger Kampf.

KREATIVE PAUSE ZUR ARBEIT MIT DEM NOTIZBUCH
» Wiederhole die Botschaft dieses Tages mit deinen eigenen Worten so klar, wie du kannst.
» Nimm dir einen Augenblick Zeit, um darüber nachzudenken, wie es auf dich und dein Leben zutrifft.
» Wie kannst du es praktisch so anwenden, dass du die Qualität deines täglichen Lebens verbesserst?
» Nimm dein Notizbuch und schreibe es auf.

AFFIRMATION UND ÜBUNG DES TAGES
Nimm diese Affirmation und dieses Verhalten für diesen Tag (oder morgen, falls es Abend ist) mit dir, ganz gleich, wohin du gehst und was du tust:

> *„Mein Wille ist, aus*
> *reinem Grund,*
> *reiner Haltung,*
> *reiner Energie zu handeln."*

TAG 31
STILLE

Wollen wir einen kurzen Blick vom EWIGEN JETZT erhaschen, muss Stille eine grundlegende innere Haltung sein. Sie ist auch der Schlüssel dafür, mit ihm verbunden zu bleiben, sobald wir es flüchtig gesehen haben. Es folgt ein gutes Training: Praktiziere innere und äußere Ruhe bewusst. Es muss sich jedoch um eine erhabene, um zuhörende Stille handeln. Versuche, sogar wenn du rennen musst, ruhig zu sein. Versuche hin und wieder „zwischen den Zeilen" dieser Welt das EWIGE JETZT im Hintergrund zu sehen. Um innere Stille zu entwickeln, verbringe täglich Zeit alleine mit dir selbst in Stille. Die Natur ist ein guter Lehrer für die Stille. Gehe, fühle, höre im Stillen. Versuche die Gegenwart des EWIGEN JETZT hinter den Bäumen, hinter den Blumen, hinter den Vögeln zu spüren. Vielleicht teilst du bald die Gefühle von Henry David Thoreau:

Die Zeit ist nur ein Fluss, in dem ich fischen will.
Ich trinke daraus, aber während ich trinke,
sehe ich seinen sandigen Grund
und entdecke, wie seicht er ist.
Seine schwache Strömung verläuft,
aber die Ewigkeit bleibt.

KREATIVE PAUSE ZUR ARBEIT MIT DEM NOTIZBUCH

» Wiederhole die Botschaft dieses Tages mit deinen eigenen Worten so klar, wie du kannst.
» Nimm dir einen Augenblick Zeit, um darüber nachzudenken, wie es auf dich und dein Leben zutrifft.
» Wie kannst du es praktisch so anwenden, dass du die Qualität deines täglichen Lebens verbesserst?
» Nimm dein Notizbuch und schreibe es auf.

AFFIRMATION UND ÜBUNG DES TAGES

Nimm diese Affirmation und dieses Verhalten für diesen Tag (oder morgen, falls es Abend ist) mit dir, ganz gleich, wohin du gehst und was du tust:

„In Stille berühre ich
das ewige Jetzt."

TAG 32
GEFÜHL: REINE UND UNREINE ZUSTÄNDE

Die alte Definition des Yoga von Patanjali, dem Vater des Yoga, lautet: Yogas chitta vritti nirodha: Yoga ist die Neutralisierung der Chitta-Wellen. Yogis haben das Word Chitta auf verschiedene Weise übersetzt: als „Bewusstsein", „mind-stuff" oder sogar als „Unterbewusstsein". Yogananda jedoch definiert Chitta als „Gefühl". Daher besagt die Definition: Yoga verursacht die Neutralisierung der Gefühlswellen. Hier kommt die Erklärung: Ist das Herz bei der Meditation in völliger Ruhe, ungestört von irgendwelchen Wellen des ruhelosen Gefühls, kann es das ruhige EWIGE JETZT wahrnehmen. Das Herz wird wie ein klarer See, der dazu in der Lage ist, das Unendliche widerzuspiegeln und die Verbundenheit zu erfahren. Der Geist kann die Verbundenheit (Yoga) niemals erfahren, sogar wenn er ruhig ist. Aber das Herz kann. Ruhiges Fühlen ist die Essenz wahren Entdeckens.

„Und gesegnet sind alle, die im Herzen rein sind, denn sie werden Gott sehen."[31] Aus was besteht ein reines Herz? Ein reines Herz ist frei von weltlichen Wünschen, was es zu reiner Wahrnehmung befähigt. Jedes *„Jetzt*-Anhängsel" oder *„Jetzt*-Wunsch" ist der Grund für spirituellen Wahn: Das *Chitta* wird aufgewühlt und wir nehmen nichts außer dem äußeren *Jetzt* war: konkrete Materie, die physische Welt.

Unser reines wesentliches Bewusstsein (heiliges Selbst) hat das Zentrum im Herzen und ist ein Gefühl und kein Gedanke: „Ich lebe" oder „ich bin" ist ein reines Gefühl, eine reine Wahrnehmung (*keine* Emotion). Descartes berühmter Ausspruch: „Ich denke, also bin ich" sollte gelehrt werden als „Ich fühle, daher bin ich." Fühlen gehört so sehr zum Bewusstsein wie Hitze zu Feuer. Hier kommt ein Aphorismus, den man erforschen kann:

Fühlen

ist gleich

Leben.

Je weniger Gefühl desto weniger Leben. Die Abwesenheit des Fühlens ist der Tod. Vollständiges Gefühl ist vollständiges Leben. Warum lieben Menschen Popmusik? Sie stimuliert ihre starken Gefühle, weswegen sie sich lebendig fühlen. Leider kann uns das Gefühl nach oben zu wahrem Glück aber auch nach unten zu falschem Glück führen. Nach unten fließendes Gefühl lässt

---

[31] Matthäus 5:8

das Ego für einige Zeit glücklich fühlen, aber endet in der Verwirrung, Sorge, dem Verlust und dem Unglücklichsein. Das Herz muss geöffnet werden, sonst sind wir lebende Tote. Aber unsere Gefühle müssen entspannt, ruhig und erhaben bleiben. Es handelt sich um eine Kunst, die uns, während wir sie erlernen, häufig schwitzen (und weinen) lässt. Das beste Werkzeug, um sie zu erlernen und herauszubilden, ist tägliche Meditation.

Es folgt eine gute Richtlinie, an die sich das Herz erinnern sollte, wenn wir in Berührung mit dem EWIGEN JETZT kommen wollen:

Je größer die Emotionen,
desto kleiner die innere Sicht.

Es ist weise, darüber nachzudenken. Es ist noch weiser, zu üben, wie man aus der Emotionalität herausgeht: Entspanne dein Herz. Die meisten Dinge im Leben sind nicht wirklich wichtig. Während wir lernen, unsere normalen Emotionen Schritt für Schritt zu kontrollieren, müssen wir mit uns selbst Geduld haben: Rom wurde nicht an einem Tag erbaut. Yoga will helfen genauso wie Meditation, tiefes Atmen und positive Affirmationen. Selbstkontrolle muss genau in dem Augenblick herausgebildet werden, in dem die Emotion bei uns einschlägt, wenn sie anfängt, hochzukochen. Gerade wenn uns jemand richtig provoziert und wir kurz davor sind, zu kochen, müssen wir das sofort auffangen und es umwandeln. Nur so können wir reagieren, wie wir entschieden haben: ruhig, positiv und entspannt bleiben. Es fühlt sich so wundervoll an, wenn wir beginnen, meisterhaft mit unseren Emotionen umzugehen, statt ihr ständiger Sklave zu sein.

„Aber was ist mit der Liebe?", könnte man fragen. „Ich bin bestimmt nicht dazu bereit, auf die *Liebe* zu verzichten." Die Antwort lautet: „Natürlich *sollten* wir das nicht." Leben ohne Lieben bedeutet Tod. Hier folgt die feine Linie, die wir finden sollten: Mische unsere Liebe mit Stille, die aus der Loslösung kommt. Losgelöste Liebe? Das mag sich seltsam anhören und ist sicher keine einfache Aufgabe, aber unsere Gefühlswellen kaschieren einfach das EWIGE JETZT. Wir müssen daran arbeiten, *ein ruhiges tiefes Gefühl* zu entwickeln. Losgelöste Liebe ist in Wirklichkeit tiefer und schöner, als zielgerichtete Liebe. Diese Lehre muss man erfahren, um sie glauben zu können. Wir haben bereits über die Liebe gesprochen, aber sie ist so wichtig, dass sie einige weitere Worte verdient: oberflächliche, emotionale Liebe bedeutet, zu treiben. Sie ist voller Schaum und Aufregung. Wahre ruhige Liebe ist heilige Gegenwart, sie ist unveränderlich und muss in unserer engsten menschlichen Liebesbeziehung geübt werden. Diese Liebe erfordert völlige Loyalität, unerschütterliche Standfestigkeit und den Blick hinter die Veränderungen der Zeit. Shakespeare schrieb außerordentlich schön (Sonnet 116):

Kein Narr der Zeit ist Liebe! Ob gebrochen
Der Jugend Blüte fällt im Sensenschlag,
Die Liebe wankt mit Stunden nicht und Wochen,
Nein, dauert aus bis zu dem Jüngsten Tag!

Solche Liebe ist aus Gold und mit ihr öffnet sich eine Tür zu höheren Welten.

Das EWIGE JETZT ist, wie wir bereits gesagt haben, ein anderes, freieres Wort für Gott und viele Menschen müssen sich von einem alten Konzept von Gott und Religion befreien.[32] Das EWIGE JETZT ist intelligent, kraftvoll, voller Glück. Zu denken, dass es nur unpersönlich und ohne Form ist, ist ein Fehler und beschränkt es in seiner Größe. Es nimmt jede Form oder Nicht-Form an, welche der Sucher mag. Wir können zu ihm beten und es antwortet. Es reagiert meistens auf Liebe. Es ist interessant: Genauso wie das Herz das größte Hindernis sein kann, um das EWIGE JETZT zu finden, kann es auch unsere größte Hilfe sein: Wenn es Ruhe beherbergt, die aufwärts fließt. Hier liegt der Fehler vieler Philosophen und sogar einiger Yogis: Sie verstehen die Wichtigkeit der Liebe bei ihrer Suche nicht. Der Magnet, auf den das persönliche-unpersönliche EWIGE JETZT am ehesten reagiert, ist die Liebe in Form von Hingabe.[33]

KREATIVE PAUSE ZUR ARBEIT MIT DEM NOTIZBUCH
» Wiederhole die Botschaft dieses Tages mit deinen eigenen Worten so klar, wie du kannst.
» Nimm dir einen Augenblick Zeit, um darüber nachzudenken, wie es auf dich und dein Leben zutrifft.
» Wie kannst du es praktisch so anwenden, dass du die Qualität deines täglichen Lebens verbesserst?
» Nimm dein Notizbuch und schreibe es auf.

---

[32] Ein Einreißen der Kaste, Klasse und Rassengrenzen sowie die Suche nach Fehlern bei *uns selbst* statt bei unseren Brüdern ist einer der ersten Schritte, die ergriffen werden müssen. Lass religiös bedingte Ängste und elterliche religiöse Gewohnheiten los, verbinde das Beste aus dem Osten und Westen und versuche, die wahre Lebenskunst zu entdecken, die alle Menschen täglich wirklich erheben und unterstützen kann." *Yogananda*

[33] Jesus lehrte beides, den persönlichen und den unpersönlichen Gott: „Gott ist ein Geist," (Johannes 4:24) genauso wie „dein Vater." (Mathäus 4:45). Krishna findet dafür ähnliche Worte: „Meine höhere Natur ist unvergänglich, unbeschreiblich und absolut" (Bhagavad Gita, 7:24) aber andererseits: „Ganz gleich, auf welche Weise Menschen mich akzptieren, ich erscheine ihnen auf dieselbe Art." (4:11) Krishna and Jesus hielten die Liebe als höhere Lehre hoch: „Die liebend mich erkennen, die sind in mir und ich in ihnen „ (Bhagavad Gita, 9,29). „Darum sollst du den Herrn, deinen Gott, lieben mit ganzem Herzen und ganzer Seele, mit all deinen Gedanken und all deiner Kraft. Das ist das erste Gebot." (Markus 12:30) Liebe ist letztendlich die höchste Weisheit.

AFFIRMATION UND ÜBUNG DES TAGES
Nimm diese Affirmation und dieses Verhalten für diesen Tag (oder morgen, falls es Abend ist) mit dir, ganz gleich, wohin du gehst und was du tust:

„Mein Herz ist entspannt.
Was von selbst kommt, soll kommen."

TAG 33
PSYCHISCHE WELLEN

Wie sehr unsere psychischen Wellen uns fesseln! Hier folgt eine persönliche Geschichte: Einmal im Himalaja erfuhr ich wunderschöne innere Wirklichkeiten und plötzlich wurde ich mit meinem psychischen Reaktionen konfrontiert. Die Gruppe, die ich führte, sollte Badrinath am nächsten Tag verlassen. Ich hatte jedem erzählt, dass wir am nächsten Morgen pünktlich sein mussten. Das Gepäck müsste um 05:00 Uhr draußen sein und wir würden nur ein kurzes Frühstück haben, während das Gepäck im Bus verladen würde, und müssten spätestens um 05:45 Uhr abgefahren sein. Nun gut, es war 05:30 Uhr, aber der Busfahrer war noch nicht einmal erschienen. „Wo ist er?" Mit typisch orientalischer Lässigkeit ließ mich unser indischer Reiseführer Mahavir wissen: „Er ist zum Tempel gegangen. Er ist gleich zurück." Ich begann, innerlich zu kochen. Ich antwortete: „Das ist nicht fair. Wir haben unseren Leuten gesagt, dass sie früh aufstehen sollen, um rechtzeitig loszufahren. Du hast bestätigt, dass wir um 05:45 Uhr abfahren, und jetzt warten unsere Leute umsonst, nur weil der Fahrer entschieden hat, zu diesem Tempel zu gehen. Ich bin auch zu diesem Tempel gegangen, aber das habe ich um 04:00 Uhr gemacht, um rechtzeitig zurück zu sein." Ich schaute mich um und sah, dass es allen gut ging, außer mir. Ich wusste, dass ich im Unrecht war, und versuchte, mich zu beruhigen, aber meine Ungehaltenheit war zu groß. Natürlich konnte ich sofort sehen: Diese psychischen Wellen bringen uns weit weg vom EWIGEN JETZT. Sie binden uns und sie sind unser eingeschworener Feind. Nichts und niemand ist es wert, darüber wütend zu sein. Wut ist Gift. Alle psychischen Unruhezustände sind Gift. Und hier beginnt für uns unsere tägliche Arbeit, diese Reaktionen zu kontrollieren und umzuwandeln. Wir haben diese bereits erklärt. Sie sind gestörtes Chitta und sie „verdecken die Seele". Ich hätte gut getan, diesen Morgen in Badrinath eine gute Affirmation zu üben, wie: „Ich bin gelassen, ich bin ruhig, ich bin gut, ich bin lieb, ich bin nett, ich bin freundlich."[34]

---

[34] von Yogananda

TAG 34
GESUNDHEIT: EIN SCHATZ, DEN MAN HÜTEN SOLLTE

Als ich von den heiligen Höhen hinunterkam, um in Gurgaon in der Nähe von Delhi Yoga zu unterrichten, war der Kontrast zwischen der Energie von Badrinath und dieser modernen Stadt zu viel für mein System. Ich wurde krank, bekam Kopfschmerzen, Husten und eine Erkältung. Ich konnte es an mir selbst feststellen. Krankheit zieht die Aufmerksamkeit direkt zum Körper. In einem gesunden Körper kommt und verweilt das Bewusstsein der Freiheit weitaus leichter. Ich dachte dankbar an unsere Köche von Ananda, die mit Liebe und Sorge für uns gesundes Essen zubereiten. Ich war dankbar für Yoganandas Energieaufladungsrituale, die den Körper mit heilendem Prana erfüllen. Ich dachte an Ananda Yoga mit seinen wunderbaren Vorzügen für unsere Gesundheit. Gesundheit ist etwas Großartiges, denn sie sorgt dafür, dass wir uns besser fühlen, und sie ist sogar noch großartiger, weil sie es uns erleichtert, das EWIGE JETZT zu erfahren. Krankheit ist ein Knoten, der alles verschließt. Große Heilige sind innerlich frei von solchen physischen Störungen, aber die meisten von uns sind es nicht. Lasst uns deshalb so gesund bleiben, wie wir können!

KREATIVE PAUSE ZUR ARBEIT MIT DEM NOTIZBUCH
» Wiederhole die Botschaft dieses Tages mit deinen eigenen Worten so klar, wie du kannst.
» Nimm dir einen Augenblick Zeit, um darüber nachzudenken, wie es auf dich und dein Leben zutrifft.
» Wie kannst du es praktisch so anwenden, dass du die Qualität deines täglichen Lebens verbesserst?
» Nimm dein Notizbuch und schreibe es auf.

AFFIRMATION UND ÜBUNG DES TAGES
Nimm diese Affirmation und dieses Verhalten für diesen Tag (oder morgen, falls es Abend ist) mit dir, ganz gleich, wohin du gehst und was du tust:

„Mir geht es gut. Ich bin stark und
erfüllt von jugendlicher Lebenskraft.“

TAG 35
KRIYA YOGA: ALTE KÖNIGLICHE WISSENSCHAFT

Es gibt nur einen Weg zur Erleuchtung: Wir ziehen unsere Lebenskraft in die Wirbelsäule und in ihr nach oben in höhere Bewusstseinszustände, wenn wir in das EWIGE JETZT eingehen. Ein Baba (Mönch) aus dem Himalaja sagte es in Badrinath folgendermaßen: „Jedes tiefe Yoga muss eine Form des Kriya Yoga sein." Natürlich nutzen verschiedene Yogatraditionen verschiedene Namen und verschiedene Methoden, aber der Effekt muss immer gleich bleiben: *hinein* & nach *oben*. Kriya Yoga magnetisiert die Wirbelsäule direkt, zieht unsere Energie und unser Bewusstsein in sie und erhebt uns so in die inneren Gipfel des Bewusstseins. Die Wirbelsäule ist der *einzige* Weg, der dorthin führt. Eine detailliertere Erklärung des Kriya Yoga muss persönlich gegeben werden. Ein Buch oder das Internet kann niemals die direkte und persönliche Durchführung einer authentischen Initiation ersetzen. Eine Initiation ist mehr als eine technische Erklärung: Eine Technik wie Kriya Yoga ist der altertümliche Heilige Gral gefüllt mit Nektar, der von Generation zu Generation weitergegeben wird. Man sagt, dass der Heilige Gral wundersame Kräfte enthält. Das ist wahr. Sein Nektar ist das altertümliche alchemistische Elixier, das die Kraft besitzt, unser inneres Metall in Gold zu verwandeln.

KREATIVE PAUSE ZUR ARBEIT MIT DEM NOTIZBUCH

» Wiederhole die Botschaft dieses Tages mit deinen eigenen Worten so klar, wie du kannst.

» Nimm dir einen Augenblick Zeit, um darüber nachzudenken, wie es auf dich und dein Leben zutrifft.

» Wie kannst du es praktisch so anwenden, dass du die Qualität deines täglichen Lebens verbesserst?

» Nimm dein Notizbuch und schreibe es auf.

AFFIRMATION UND ÜBUNG DES TAGES

Nimm diese Affirmation und dieses Verhalten für diesen Tag (oder morgen, falls es Abend ist) mit dir, ganz gleich, wohin du gehst und was du tust:

„Den ganzen Tag lang zentriere ich mich in meiner Wirbelsäule, und die Energie fließt nach oben."

TAG 36
DAS EGO

Das „innere Metall", über das wir gestern sprachen, ist das ich-bezogene Ego. Mit einem starken Ego können wir im *Jetzt* leben, aber niemals im EWIGEN JETZT. Hier folgt daher ein weiterer Gedanke zur Vertiefung:

Je stärker das Ego,
je dicker die Wand,
welche die innere Verwirklichung versteckt.

Normalerweise fließen unsere Energien nach außen und wir hängen einfach im Egobewusstsein fest: „Ich, Bob." Aber Kriya Yoga zieht unsere Energien systematisch nach innen. Plötzlich ändert sich unser Sinn für Identität von „Ich, Bob" zu „Ich bin". Man befindet sich innerhalb der „Wände" der Wirbelsäule. Je mehr wir innen sind, desto weniger werden wir mit der Person identifiziert, die wir stets „Ich" genannt haben. Freiheit von ihr ist herrlich, selbst wenn man nur einen kurzen Blick auf sie erhält. „Ich bin" ist dann dasselbe wie das EWIGE JETZT. Yogananda könnte hinzufügen, dass wir nur im Zustand der Atemlosigkeit, den Kriya wissenschaftlich nachgewiesen erzeugt, richtig aus der Ego-Identifizierung herauskommen. Je mehr wir uns innerhalb der Wirbelsäule befinden, desto mehr erscheint die äußere Welt unwirklich, einfach wie ein Traum. Aber wie wir bereits sagten, ist die äußere Welt klebrig wie ein Kaugummi. Sie zieht dich einfach nach außen und alles erscheint dann so wirklich. Kriya Yoga ist eine alte Wissenschaft für den Zugang zur inneren Welt, für Freiheit, für den Wechsel unserer Identität und zur Wahrnehmung der Essenz der Wahrheit.
Das Ego muss erobert, überschritten und dem Göttlichen dargeboten werden. Trotzdem schreibt Swami Kriyananda diese mysteriösen Worte über sich selbst: „Persönlich hat es mir immer Freude gemacht, zu denken, dass ich ... im Wesentlichen nicht existent bin". Dies zu befolgen ist für jeden eine harte Lehre, wenn er bei der Meditation nicht bereits eine vage Vorstellung davon bekommen hat, dass das Ego nicht wirklich existiert, sondern dass es nichts ist als eine kleine Falle und die Ursache vieler Probleme / ein Hort von Problemen. Kriyananda weiß, dass die Person „Kriyananda" eine falsche und unwirkliche Identität ist und er weiß, dass seine wahre Identität formlos ist. Nur mit solch einer persönlichen inneren Erfahrung können wir die Lehre, das Ego aufzulösen, glücklich umarmen. Sonst bedeutet sie einfach nur Zer-

störung. Sie zieht uns den Boden unter den Füßen weg, auf dem wir stehen, ohne einen anderen Boden anzubieten. Würde zum Beispiel in einem Kloster das Ego zerstört, ohne dem Mönch zu zeigen, dass es sich einfach um eine Methode handelt, um Raum für eine höhere Identität zu schaffen, dann könnte dies schreckliche Konsequenzen nach sich ziehen.

EINE FOLTERKAMMER

Das Ego ist ein zentrales Thema in jedermanns Leben, ganz gleich ob spirituell oder nicht. Diese armen Stars: Filmstars, Fußballstars, Popstars, Politiker, Menschen im Rampenlicht, Menschen, welche aus egoistischen Gründen die „Nummer 1" werden möchten. Sie wissen nicht, auf was sie sich einlassen. Das Ego ist wie ein Zimmer, das dich nach innen lockt, mit schönen hellen Lichtern, die auf dich scheinen und dir sagen: „Oh, wie großartig und besonders du bist!" Es füttert dich mit dem Honig der Schmeichelei. Du wirst in diesem Raum in eine besondere Ecke gebracht, in der es ein hohes Podest gibt und du wirst eingeladen, auf ihm zu stehen, und über den meisten anderen zu stehen: „Oh, wie wichtig ich bin, wie mächtig, wie besser als andere, wie unwiderstehlich sexy, wie eindrucksvoll männlich...".
Aber das Egozimmer ist ein Lügner. In Wirklichkeit ist es eine Folterkammer. Von der ersten schmeichelnden Ecke schiebt es dich plötzlich in die nächste unvermeidliche Ecke, in der ein Messer wartet, um deinen Stolz zu beschneiden, wo man dich auf deine Knie wirft, wo bittere Tränen warten: Die Erkenntnis, dass unser kleines Ich ewig schwach, verloren, zerbrechlich, leer und bedürftig ist. Das Ego ist ein Raum, in dem wir garantiert leiden, und je mehr wir in es hineingehen, desto mehr wird man uns in Stücke schneiden. Autsch. Und Leiden lehrt uns alle. Je sturer wir mit unserem Ego sind, desto härter müssen die Lektionen sein.
Diese armen Pop- und Filmstars und all die anderen, wenn ihnen der Erfolg zu Kopf steigt: Lebt man unter dem Vergrößerungsglas des öffentlichen Auges, verbrennt man sich nicht nur, sondern wird man auch künstlich vergrößert. Keira Knightley wird zitiert, dass sie Kinder gewarnt hat, die von einem Leben als Star träumen, dass alles nicht so ist, wie es scheint: „Es macht mir Angst, wenn Kinder sagen: ‚Ich möchte berühmt sein.'[35] „Am Ende *muss* jeder, ob berühmt oder nicht, eine spirituelle Reise beginnen, sich für höhere Wirklichkeiten öffnen, das Ego hinter sich lassen, denn Leiden macht letztendlich überhaupt keinen Spaß.
Kann man berühmt sein und trotzdem vermeiden, die Folterkammer des Egos zu betreten? Ja, das mag schwierig sein, aber es ist offensichtlich möglich. Gut für alle, die es schaffen. Solche Menschen sind wahre Ausnahmen: Richard Geres Aura zum Beispiel strahlt wenig Ego aus. Er ist Buddhist und verehrt den Dalai Lama. Giovanna Melandri, italienische Ministerin, Freun-

---

[35] MyParkMagazine, 21. August 2007

din und Yoga-Praktizierende, ist eine berühmte und einflussreiche Frau, die weder Stolz noch Überlegenheitsgefühl in ihrem Herzen trägt. Und Musiker? Höre zum Beispiel Hayley Westenra und Andrea Bocelli: Man hört bei ihnen wenig Ego, wenn sie singen. Sprechen wir über Musik, folgt hier ein Gedanke, den Sänger berücksichtigen sollten.

Eine wahrhaft schöne Stimme
und ein starkes Ego
schließen sich gegenseitig aus.

Für den sensiblen Zuhörer ist es so, dass sogar, wenn die Stimme brillant ist, sie nicht richtig klingt, wenn Selbstliebe in ihr mitvibriert. „Schönheit mit Ego" ist oberflächliche Schönheit. In der hohen astralen Welt, zu der wir nach dem Tode gehen (so sagen die Yogis), ist Schönheit als spirituelle Eigenschaft und nicht als äußerliches Erscheinungsbild bekannt. Shakespeare wusste das (in **Die Herren aus Verona**): „Ist sie auch so gütig als sie schön ist? Denn Schönheit lebt mit Güte."

So bald wir das dunkle Egozimmer Richtung Freiheit unter dem blauen Himmel verlassen, merken wir, wie falsch wir lagen, dem kleinen „ich" Wichtigkeit zu geben, bei dem es sich um nichts als um ein Zimmer der Sorgen und Enttäuschungen handelt. Aus ihm herauszutreten, heißt zu erfahren, dass wir viel größer sind, als diese kleine Persönlichkeit, die wir so lange gehegt und gepflegt haben. Das ist Verwirklichung, Selbstverwirklichung, Glück, der Hauch des wahren Lebens.

KREATIVE PAUSE ZUR ARBEIT MIT DEM NOTIZBUCH

» Wiederhole die Botschaft dieses Tages mit deinen eigenen Worten so klar, wie du kannst.

» Nimm dir einen Augenblick Zeit, um darüber nachzudenken, wie es auf dich und dein Leben zutrifft.

» Wie kannst du es praktisch so anwenden, dass du die Qualität deines täglichen Lebens verbesserst?

» Nimm dein Notizbuch und schreibe es auf.

AFFIRMATION UND ÜBUNG DES TAGES

Nimm diese Affirmation und dieses Verhalten für diesen Tag (oder morgen, falls es Abend ist) mit dir, ganz gleich, wohin du gehst und was du tust:

„Ich bin viel mehr
als meine kleine Persönlichkeit."

TAG 37
ÜBER DAS EGO HINAUS ZU GEHEN, BEDEUTET STÄRKE!

Lass uns einen anderen Aspekt des Ego ansehen, eine Lehre, die manchmal überhaupt nicht verstanden wird, da sie völlig im Widerspruch zu dem zu stehen scheint, was gerade gesagt wurde: Das Ego wird *nicht* schwach, wenn wir aufhören, uns mit ihm zu identifizieren. Im Gegenteil: Wir müssen es stärken, um es zu perfektionieren. Kein wahrer Lehrer würde wollen, dass jemand schwach ist. Was wir lernen müssen, ist, unsere Persönlichkeit nicht als „ich" sondern als „Schraubenzieher" wahrzunehmen: als ein Werkzeug, für das wir verantwortlich sind. Ein Werkzeug wofür? Für Licht, Liebe, Kraft, Freude, Schönheit. Ganz gleich, welche unbewussten Eigenschaft wir persönlich zeigen, diese haben alle eines gemeinsam: Sie sind alle dynamisch, sie sind stark. Der Trick besteht darin, „egolose Stärke" zu leben, die von oben kommt. Diese Geisteshaltung werden wir in Kürze lernen.

DAS UNGESUNDE EGO

Sehen wir uns nun einen anderen Aspekt des Ego an. Genauso wie es einerseits einen Überlegenheitskomplex herausbilden kann, gibt es auch Menschen, die einen Minderwertigkeitskomplex haben: Ein schwaches, unsicheres, schüchternes Ego, ohne Selbstrespekt und Selbstbewusstsein, das einen nach unten zieht, dafür sorgt, dass man sich als wertlos oder als Versager im Leben betrachtet. Diese Tendenz ist ein Erzfeind, ein Lügner, übel, destruktiv, lähmend und ist weit entfernt von menschlicher oder heiliger Wahrheit. Das kommt von inneren Tendenzen, die sich in der Vergangenheit gebildet haben, durch den Mangel an Erfolg wuchsen und häufig durch die zerstörerischen Worte von Eltern, Kollegen, dem Chef oder von „Freunden" verstärkt wurden. Wir müssen uns davon befreien. Hier folgt eine Strategie, um diesen Feind zu besiegen:

» Vermeide Menschen, die dich herunterziehen *wie Gift*, und suche nach denjenigen, die an dich glauben. Kannst du das Gift nicht vermeiden, dann widerstehe geistig so sehr, wie du kannst. Stell dir vor, dass du einen geistigen „Leibwächter" an deiner Seite hast, der an dich glaubt.

» Mach eine Liste von zehn guten Eigenschaften, die du hast, und höre nicht auf, bevor die Liste fertiggestellt ist.

» Ermutige andere, indem du ihnen Stärke gibst, an sie glaubst, denn so stärkst du dich selbst.

» Es ist wichtig, Situationen zu erzeugen, in denen wir ein Erfolgserlebnis haben können, wobei wir mit kleinen Dingen beginnen sollten. Denke stets: „Ich *kann*!" Wenn das nicht funktioniert, dann denke: „Ich hatte *noch* keinen Erfolg." Denke niemals: „Ich habe wieder versagt."

» Schreib abends die kleinen Erfolge auf, die du während des Tages hattest. Höre nicht auf, bevor du mindestens einen und besser mehrere gefunden hast.

» Denken wir *zu sehr* über uns nach, kreisen wir um unser Ego und das zieht uns in den Strudel, statt uns von dort herauszuziehen. Zu viel Psychologie wird nicht helfen. Es ist oft heilsamer, aktiv zu werden, an andere zu denken, anderen zu helfen. Es gibt so viele Menschen, die Hilfe brauchen.

» Fühlst du Widerstand in Bezug auf all diese Punkte, dann möchtest du vielleicht gar nicht stark werden, sondern ziehst es vor, schwach zu bleiben. In diesem Fall frage dich warum. Ist es so bequemer? Oder möchtest du dich selbst bestrafen? Oder denkst du, dass du gering bist? Kämpfe gegen diese Tendenz.

» Der Minderwertigkeitskomplex läuft vor allem in unserem Kopf ab und kann mit Affirmationen der Kraft, des Selbstbewusstseins und der inneren Sicherheit geheilt werden. Wir benötigen ein starkes mentales Gegenmittel. Hier ist eines (Du kannst andere schaffen, aber nutze keine negativen Affirmationen wie „Ich bin nicht schwach!"):

> *In mir liegt die Stärke,*
> *um alle Hindernisse zu überwinden.*
> *Ich bin stark, ich bin wertvoll.*
> *Ich kann Erfolg haben. Yes, I **can**!*

In jedem von uns ist eine angeborene natürliche Kraft. Kraft ist Teil unserer wahren Natur. Der Rest ist unnatürlich und oberflächlich. Yogananda erzählte eine schöne Geschichte über dieses Thema:

Eine große alte Löwin trug ein ungeborenes Löwenbaby in ihrem Bauch. Die Tage vergingen und der Babylöwe in ihrem Körper nahm an Gewicht zu, weswegen es ihr schwer fiel, sich selbst aufrechtzuerhalten, um nach Beute zu suchen. Tapste sie auf kleine Tiere zu, um diese zu fressen, stahlen sie sich davon. Selbst wenn die Löwin versuchte, ihre Beute durch List zu erhaschen, konnte sie sich nicht schnell genug bewegen, und jedes Mal, wenn sie versuchte, die Beute zu fassen, entwischte ihr diese. Sie brüllte vor Traurigkeit, schwer durch das Löwenbaby und sich verzehrend vor Hunger stelzte sie durch den Wald und schlief im Schatten einer Baumgruppe in der Nähe einer Schafweide ein. Sie döste vor sich hin und träumte von einer

Herde grasender Schafe. Als sie versuchte, sich auf eines der Traumschafe zu werfen, schreckte sie aus dem Schlaf auf und erwachte. Ihr Traum war Wirklichkeit geworden, da sie auf eine große Herde Schafe schaute, die in ihrer Nähe grasten.

Außer sich voller Freude vergaß sie den Babylöwen, den sie in ihrem Körper trug, und getrieben von dem Wahnsinn ungestillten Hungers stürzte sich die Löwin auf die Herde, griff sich ein junges Lamm und verschwand in den Tiefen des Dschungels. Die Löwin merkte aufgrund der extremen Strapazen nicht, dass sie während ihres verrückten Sprungs auf die Schafherde ein junges Löwenbaby zur Welt gebracht hatte.

Die Schafherde war bei dem Angriff der Löwin so gelähmt vor Schreck, dass die meisten Schafe bewusstlos oder betäubt waren und daher nicht wegrennen konnten. Als die Löwin wegging und die Panik vorbei war, erwachten die Schafe aus ihrer Benommenheit und begannen, den Verlust ihres Kameraden zu beweinen. Während die Schafe ihr Wehklagen in der Schafsprache herausblökten, entdeckten sie zu ihrem großen Erstaunen das hilflose Löwenbaby in ihrer Mitte. Einem der Mutterschafe aus der Herde tat das Löwenbaby leid und sie adoptierte es.

Der junge Löwe wuchs in der Schafherde auf. Mehrere Jahre vergingen und siehe da in einer Herde von Schafen schlenderte ein riesiger Löwe mit langer Mähne und Schwanz herum, der sich genauso benahm wie ein Schaf. Der Schaf-Löwe blökte statt zu brüllen und fraß Gras anstelle von Fleisch. Dieser streng vegetarische Löwe hatte in allen Einzelheiten der Schwäche und Sanftmut eines Schafes die Perfektion erreicht.

Dann geschah es, dass ein anderer großer, hungriger Löwe aus dem nahegelegenen Wald, der in die grüne Wiese mündete, herausspazierte und zu seinem großen Vergnügen die oben genannte Schafherde erblickte. Ergriffen vor Freude und von Hunger geplagt jagte er der flüchtenden Schafherde nach, als er zu seinem großen Erstaunen einen riesigen, kräftigen Löwen mit dem Schwanz hoch in der Luft sah und sich wunderte: Ich kann verstehen, warum diese Schafe vor mir flüchten, aber ich kann mir nicht erklären, warum dieser stramme Löwe bei meinem Anblick wegrennt. Dieser ausreißende Löwe interessiert mich. Aus dem Entschluss heraus, den flüchtenden Löwen einzufangen, rannte er mit aller Kraft und warf sich auf den entkommenden Löwen. Der Schaf-Löwe fiel vor Angst in Ohnmacht. Der große Löwe war noch erstaunter als zuvor und patschte den Schaf-Löwen aus seiner Ohnmacht. Mit heiserer Stimme wies er ihn zurecht: „Hey, wach auf. Was ist mit dir los? Warum rennst du, der du ein Bruder bist, vor mir weg?"

Der Schaf-Löwe schloss seine Augen und blökte in der Schafsprache: „Bitte lass mich gehen. Bring mich nicht um. Ich bin nur ein Schaf, das mit jener Schafherde aufgezogen wurde, die nun weggerannt ist und mich verlassen hat." „Ah, ha, dann verstehe ich jetzt, warum du blökst!" Nachdem er das gesagt hatte, dachte der große Löwe für einen Augenblick nach und ihm kam eine großartige Idee. Ohne Verzögerung packte der Löwe den Schaf-Löwen mit seinen mächtigen Krallen an der Mähne und schleifte ihn zu einem See am Ende des Weidelandes, wo viele Tiere hingingen, um ihren Durst zu stillen. Als der große Löwe das Ufer des Sees erreichte, stieß er den Kopf des Schaf-Löwen über das Wasser, sodass er sich dort spiegelte, und schüttelte den Schaf-Löwen, der die Augen fest zukniff, und sagte: „Was ist los mit dir? Öffne deine Augen und merke, dass du kein Schaf bist." „Mäh, mäh, mäh. Bitte töte mich nicht. Lass mich los. Ich bin kein Löwe sondern nur ein armes liebes Schaf," jammerte der Schaf-Löwe.

Der neue große Löwe schüttelte den Schaf-Löwen außer sich vor Zorn ganz heftig. So öffnete der Schaf-Löwe seine Augen und war erstaunt, das Spiegelbild seines Kopfes zu sehen, wobei es sich nicht um einen Schafkopf handelte, wie er erwartet hatte, sondern um den Kopf eines Löwen, wie derjenige dessen, der ihn mit seiner Tatze schüttelte. Dann sagte der große Löwe in der Löwensprache: „Schau auf mein Gesicht und auf dein Gesicht, das sich im Wasser spiegelt. Sie sind gleich. Und sieh hierher, mein Gesicht brüllt und blökt nicht. Mein Gesicht brüllt. Du musst nun brüllen, statt zu blöken."

Der nun überzeugte Schaf-Löwe versuchte zu brüllen, aber schaffte es nur, brüllend zu blöken. Nach weiteren Tatzenhieben und Ermahnungen des neuen Löwen konnte der Schaf-Löwe dann endlich brüllen. Dann sprangen beide Löwen über die Weiden und Felder, verfolgten gemeinsam die Schafherde und kehrten dann zum Löwenrudel zurück, um dort zu leben.

Moral: Wir sind *keine* schwachen Schafe, sondern Löwen! Das Ego hat uns hereingelegt.

Wahre Stärke kommt nicht nur dadurch, dass wir die Mechanismen unseres Verstandes ändern, sondern auch aus einer höheren Quelle, zu der uns der nächste Teil dieses fruchtbaren Himalajaplateaus führen wird. Diese Technik, die wir lernen werden, ist für uns alle gut, ganz gleich, ob wir ein schwaches oder starkes Ego haben. Es handelt sich um eine notwendige Haltung, falls wir uns auf das EWIGE JETZT einstimmen möchten.

KREATIVE PAUSE ZUR ARBEIT MIT DEM NOTIZBUCH

» Wiederhole die Botschaft dieses Tages mit deinen eigenen Worten so klar, wie du kannst.

» Nimm dir einen Augenblick Zeit, um darüber nachzudenken, wie es auf dich und dein Leben zutrifft.

» Wie kannst du es praktisch so anwenden, dass du die Qualität deines täglichen Lebens verbesserst?

» Nimm dein Notizbuch und schreibe es auf.

AFFIRMATION UND ÜBUNG DES TAGES
Nimm diese Affirmation und dieses Verhalten für diesen Tag (oder morgen, falls es Abend ist) mit dir, ganz gleich, wohin du gehst und was du tust:

„Ich kann!"

TAG 38
LERNE DIE KUNST DES „SUPER-SOURCING"

Ein guter Weg, das Egozimmer zu verlassen, ist eine Übung, die „Super-Sourcing" genannt wird. Hier ist die Technik. Konzentriere dich auf die höhere Quelle (Englisch: source), die *„Super-Source"*. Wenn du mit jemandem telefonierst, dann entscheide, welche Eigenschaft du der Person übermitteln möchtest. Sagen wir, wir sprechen von der Klarheit. Konzentriere dich auf die große Quelle der Klarheit über dir, die durch dich fließt, und deinen Kommunikationspartner segnet. Oder wenn du singst oder malst oder ein Gedicht schreibst, dann konzentriere dich nicht auf dich. Konzentriere dich stattdessen auf die große Quelle der Schönheit, die durch dich fließt, während du bewusst von ihr zehrst. Konzentriere dich auch mit Liebe auf das Publikum, das du mit deiner Stimme, deinem Instrument oder deinem Kunstwerk segnest. Läufst oder rennst du oder betreibst du irgendeine Sportart, dann konzentriere dich auf die Quelle der Kraft, die durch dich fließt. Bist du ein Lehrer, dann denke nicht an dich selbst, wenn du sprichst. Konzentriere dich stattdessen auf die Quelle der Weisheit und Inspiration, von der du bewusst zehrst, und auf deinen Wunsch, deinen Schülern zu helfen. In anderen Worten: Vergiss dich selbst. Sich selbst zu vergessen, bedeutet wahre Demut. Demut heißt nicht, schwach zu sein. Zu sagen: „Ich bin ein Sünder" oder „Ich bin ungeeignet" oder „Ich bin wertlos" ist nur eine andere Art des Ego. Lebe so perfekt, wie du kannst, aber zolle der Quelle Anerkennung. Werde ein „Super-Sourcing"-Experte. Wenn Menschen dir applaudieren, dann denke stark daran, wo dies alles herkommt. Wenn sie dir nicht applaudieren, dann konzentriere dich nicht auf dein armes Selbst. Lächele stattdessen und sage fröhlich: „Wir haben das noch nicht gut miteinander hinbekommen, liebe Quelle. Wir versuchen es nächstes Mal besser."

KREATIVE PAUSE ZUR ARBEIT MIT DEM NOTIZBUCH
» Wiederhole die Botschaft dieses Tages mit deinen eigenen Worten
  so klar, wie du kannst.
» Nimm dir einen Augenblick Zeit, um darüber nachzudenken, wie
  es auf dich und dein Leben zutrifft.
» Wie kannst du es praktisch so anwenden, dass du die Qualität dei-
  nes täglichen Lebens verbesserst?
» Nimm dein Notizbuch und schreibe es auf.

AFFIRMATION UND ÜBUNG DES TAGES
Nimm diese Affirmation und dieses Verhalten für diesen Tag (oder morgen,
falls es Abend ist) mit dir, ganz gleich, wohin du gehst und was du tust:

„Ich bin ein reiner Kanal
für eine höhere Quelle,
die durch mich handelt."

TAG 39
EIN GEDICHT DER FREIHEIT

Yogananda lehrte die komplette Freiheit: „Lebe in der Ewigkeit über alle
Kategorien der Zeit hinaus, im Unendlichen Jetzt." Er schlug folgende Affirmation zur Unterstützung vor:

„Ich bin ohne Alter.
Ich bin ewig.
Ich lebe in der Zeitlosigkeit.
Ich wurde erschaffen,
bevor die Galaxien ihre Form erhielten."

Er selbst lebte wie alle großen Meister „in der Sphäre der Unendlichkeit,", in
der „unveränderlichen Realität", in der „Ewigkeit". Von diesem Niveau aus
schrieb er andächtige Gedichte, die er **Flüstern aus der Ewigkeit** nannte.[36]
Hier kommt eines davon:

---

[36] Whispers from Eternity, herausgegeben von seinem Schüler Swami Kriyananda, Crystal
Clarity Publishers.

Rette uns vor der Abhängigkeit von der Materie

*Der Fischer der Veränderung hat über uns
das Netz des kosmischen Trugbildes geworfen.
Wir schwimmen in beengten Gewässern,
im fälschlichen Vertrauen auf unsere vermeintliche Sicherheit.*

*Und doch das Netz des Todes zieht sich
unbarmherzig über uns zusammen.
Bei jedem Fang des Schleppnetzes der Täuschung
erwischt es viele,
und nur wenige entkommen.*

*Ah, aber endlich bin ich entwischt
in Tiefseeräume der schweigenden Kommunion.
Endlich entkam ich dem Netz der Zeit.*

*Oh unermessliche Gnade,
Rette mich und all meine Brüder,
vor diesem fürchterlichen, alles erfassenden doch unsichtbaren
Netz der Anhaftung an der Materie.*

KREATIVE PAUSE ZUR ARBEIT MIT DEM NOTIZBUCH
» Wiederhole die Botschaft dieses Tages mit deinen eigenen Worten
so klar, wie du kannst.
» Nimm dir einen Augenblick Zeit, um darüber nachzudenken, wie
es auf dich und dein Leben zutrifft.
» Wie kannst du es praktisch so anwenden, dass du die Qualität deines täglichen Lebens verbesserst?
» Nimm dein Notizbuch und schreibe es auf.

AFFIRMATION UND ÜBUNG DES TAGES
Nimm diese Affirmation und dieses Verhalten für diesen Tag (oder morgen,
falls es Abend ist) mit dir, ganz gleich, wohin du gehst und was du tust:

„Ich bin frei, ich bin frei!"

TAG 40
RUHIG IN DER BERGHÜTTE

Zeit, um dich selbst zu beobachten

Dieses Plateau ist groß und könnte sich als wichtig für dein Leben herausstellen. Genauso wie nach dem letzten Plateau sind wir bei einer bequemen Berghütte angelangt. Du gehst wieder hinein, ruhst dich aus und freust dich. Du findest wieder eine Liste von Fragen. Nimm dein Notizbuch zur Hand und denke Punkt für Punkt über die Fragen nach, um diese dann zu beantworten.

1. Ist die Lehre vom Ewigen Jetzt praktisch für mich? Was bedeutet sie konkret für mein Leben?

2. Könnte Meditation ein regelmäßiger Teil meines Lebens werden, vielleicht zu Anfang für drei Monate, um zu sehen, wie sie funktioniert?

3. Könnte ich mir vorstellen, mein Bewusstsein regelmäßig auf einen Guru oder Heiligen einzustellen?

4. Könnte ich mir vorstellen, in der Zukunft einmal eine Pilgerfahrt durchzuführen, um mich bewusst für heilige Einflüsse zu öffnen?

5. Welche der Yamas und Niyamas haben für mich und mein Leben die größte Bedeutung? Warum?

6. Wie ist mein emotionales Leben? Lebe ich meistens ruhige tiefe Gefühle oder Emotionen? Wie kann ich anfangen, die stärksten zu kontrollieren?

7. Würde ich mein Ego als gesund oder als leicht egoistisch oder als selbst erniedrigend beschreiben?

8. Auf welchem Gebiet kann ich ein „Super-Sourcer" werden und Energie von einer höheren Quelle durch mich fließen lassen?

9. Wie frei oder gebunden bin ich in Bezug auf die Welt und materielle Dinge? Bin ich frei und bereit, zu Gott aufzusteigen?

Es reicht nicht aus, einfach an ein besseres Leben zu glauben.
Wir müssen Glauben in Praxis umsetzen,
und Praxis in Erfahrung.

Swami Kriyananda

Viertes Plateau

ÜBUNGEN ZUR ÖFFNUNG ZUM EWIGEN JETZT

Willkommen hier oben auf dem vierten Plateau unserer Himalajapilgerschaft. Die Himalajameister haben niemals einfach Stubengelehrten Philosophie gelehrt. Jeder von ihnen hat dem Wahrheitssuchenden praktische Werkzeuge nahegebracht. Auf diesem Plateau werden wir daher einfache und effiziente Techniken entdecken, die alle darauf ausgerichtet sind, unser Jetzt zu verbessern und die Tür unseres Bewusstseins für das mystische EWIGE JETZT zu öffnen.

TAG 41
ÜBUNG ZUR ENERGIEAUFLADUNG
Wiederaufladen von 20 Körperbereichen

Energie ist wie bereits gesagt ein wesentliches Bedürfnis, wenn wir unser Leben in absoluter Fülle leben wollen. Sie entsteht, wenn eine Menge Energie wie eine Sonne in unser *Jetzt* scheint. Energie und Energiekontrolle sind genauso wichtig, wenn wir Zugang zum EWIGEN JETZT bekommen möchten. Energie *(Prana)* kann glücklicherweise durch spezifische Praktiken vergrößert werden.
Wende beim Üben folgende zwei Prinzipien an:

» *„Spanne mit dem Willen an, entspanne und fühle."*
  „Anspannen" bedeutet durch Willenskraft „mit Energie aufladen."
» *„Je stärker der Willen desto stärker der Energiefluss."*

Fühle, dass du willentlich Energie aus dem Kosmos durch das verlängerte Rückenmark (an der Schädelbasis) an die Stelle ziehst, die du anspannst. Konzentriere dich auf diese Energie. Halte deine Augen geschlossen, während du die Übungen machst. Übe langsam, sanft und rhythmisch. Bewege dich nicht ruckartig, sondern achte darauf, dass jede Bewegung harmonisch verläuft. Es gibt drei Phasen:

1. Atme zweifach ein (atme kurz und lang durch die <u>Nase</u> ein) und spanne den gesamten Körper dabei hart an. Halte die Spannung für 3 Sekunden und *lasse den Körper dabei vibrieren*. Dann atme zweifach aus (atme lang durch den <u>Mund</u> aus) und entspanne langsam. Fühle die Energie.

2. Spanne eine nach der anderen der folgenden 20 Körperstellen an. Spanne jede Stelle mit *geringer, mittlerer und starker* Spannung an, bis der Muskel wirklich vibriert. Dann entspanne mit mittlerer und geringer Intensität bis zur vollständigen Entspannung. Denke daran, dich auf die Energie zu konzentrieren, die du mit starkem Willen zu jeder Körperstelle sendest.

Gehe folgendermaßen vor:

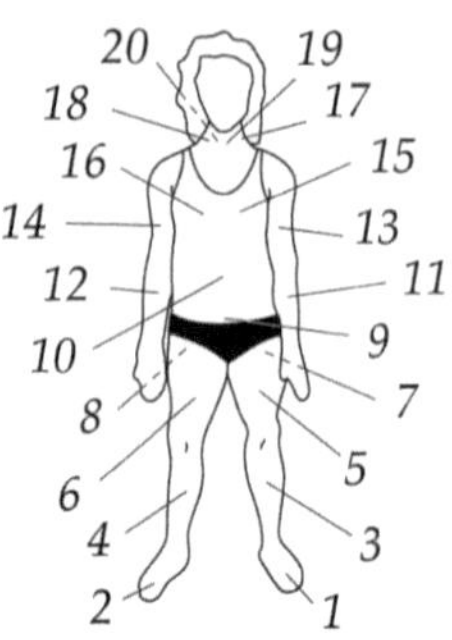

» Linker Fuß (1), linker Fuß (2)
» Linke Wade (3), rechte Wade (4)
» Linker Oberschenkel (5), rechter Oberschenkel (6)
» Linke Pobacke (7), rechte Pobacke (8)
» Unterleib (9), Magen (10)
» Linker Unterarm (11), rechter Unterarm (12)
» Linker Oberarm (13), rechter Oberarm (14)
» Linke Brust (15), rechte Brust (16)
» Linker Hals (17), rechter Hals (18)
» Kehle (19), Nacken (20)

3. Jetzt spanne dieselben Körperstellen in derselben Reihenfolge an (und lade diese mit Energie auf), aber halte dieses Mal die Spannung, während du fortfährst. Wenn alle Muskeln angespannt sind, dann senke das Kinn auf die Brust und entspanne die Muskeln im Kopf und im Hals. Dann mache abwärts weiter und entspanne die anderen Körperteile in umgekehrter Reihenfolge, bis du den gesamten Körper völlig entspannt hast. Fühle, dass dein Körper voller Energie ist und sogar *aus Energie besteht*. Versuche mit der Zeit die 20 Körperstellen mit einem langen Einatmen anzuspannen und mit einem langen Ausatmen zu entspannen.

KREATIVE PAUSE ZUR ARBEIT MIT DEM NOTIZBUCH

» Wiederhole die Botschaft dieses Tages mit deinen eigenen Worten so klar, wie du kannst.
» Nimm dein Notizbuch und schreibe es auf.

AFFIRMATION UND ÜBUNG DES TAGES

Nimm diese Affirmation und dieses Verhalten für diesen Tag (oder morgen, falls es Abend ist) mit dir, ganz gleich, wohin du gehst und was du tust:

*„Ich lebe mit kosmischer Energie
und ziehe diese bewusst in mein Leben."*

TAG 42
ANANDA YOGA

Ein Hatha Yoga-Stil, der von Swami Kriyananda geschaffen wurde

Vieles, was heute an Hatha Yoga (System von Yogapositionen) vorhanden ist, hat sich weit von den spirituellen Wurzeln des Yoga entfernt, da viele Westler einfach einen gesunden Körper möchten ... und auch Yogalehrer müssen sich ihren Lebensunterhalt verdienen. Außerdem befürchten Westler häufig, dass Yoga eine Religion sein könnte, was es jedoch nicht ist, da es auf persönlichen Erfahrungen und nicht auf einem Glauben basiert. Man hätte jedoch Hatha Yoga ursprünglich niemals von dem Pfad zu einem höheren Bewusstsein, von Hingabe oder von Meditation (Raja Yoga) trennen können. In Indien hat die Zielsetzung des Yoga immer in einer inneren Verbindung („Yoga") bestanden. Der erste Satz in der klassischen *Hatha Yoga Pradipika* gibt eine klare Richtung vor: „Hatha Yoga führt den Aspiranten wie eine Treppe zu dem hochrangigeren Raja Yoga." Ein später erschienener Satz: „Diejenigen, die Raja Yoga nicht kennen und nur Hatha Yoga praktizieren, werden meiner Meinung nach ihre Energie vergeblich verschwenden." Und noch weiter hinten: „Alle Methoden des Hatha sind darauf abgestellt, Erfolg beim Raja Yoga zu erlangen. Der Mann, der Raja Yoga gut beherrscht, bezwingt den Tod. Die Ursprünge des Hatha Yoga werden traditionell dem Gott Shiva, dem großen Verzichter und König der Yogis zugeschrieben, der dieses System Parvati, seiner Gefährtin, lehrte. Shiva war kein Bodybuilder.

Swami Kriyananda etablierte das Ananda Yoga-System, das, genauso wie einige andere Yogatraditionen im Westen, die Fahne des spirituellen Yoga hochgehalten hat. Seine Zielsetzung besteht in der Erweiterung des Bewusstseins, tieferer Selbstverwirklichung, dynamischer Innerlichkeit und innerer Verbindung, während man außerdem den Körper mit gesunden Zutaten nährt. In anderen Worten: Ananda Yoga möchte den vollständigen Kuchen anbieten mit Sahne und auch sonst mit allem. Deswegen wird es vielleicht niemals ein Yoga für die Massen werden, aber es wird denjenigen, die danach suchen, Tiefe bieten.

Hier kommt eine schöne Asana (Yogaposition), die für dieses Plateau geeignet ist. Andere Positionen sollten von einem gutem Lehrer gelernt werden, der sich vielleicht noch nicht von den Wurzeln des Yoga gelöst hat und den Körper gut kennt. Möge diese Übung dir den süßen Geschmack des EWIGEN JETZT nahebringen.

RAJAKAPOTASANA- KÖNIGLICHE PINGUINPOSITION

Erhebe in dieser Position dein Herz nach oben vom *Jetzt* ins EWIGE JETZT. Befreie dich von den Ablenkungen von Vergangenheit und Zukunft und sogar von dem augenblicklichen äußeren Jetzt. Führe diese Position in einer dynamischen Geste des inneren Strebens durch.

Affirmation (von Swami Kriyananda):

> *„Ich steige über alle Gedanken*
> *an Vergangenheit und Zukunft empor,*
> *ins EWIGE JETZT."*

ANLEITUNG

Der Körper sollte warm sein, bevor jedwede Asana durchgeführt wird. Deswegen wärme dich bitte zuerst auf. Bitte denk daran, nichts zu tun, was Schmerz oder Unbehagen verursacht. Rajakapotasana sollte wie alle Yogahaltungen einen Nutzen für Körper, Geist und Seele mit sich bringen.

Sitze zuerst für einen Augenblick im Stillen und gehe in dich *(Shiva)*. Um die Asana zu beginnen *(Shakti)* geh mit den Händen und den Knien auf den Boden (Tischposition), wobei die Hände unter den Schultern und die Knie unter den Hüften platziert werden. Bringe das linke Knie beim Einatmen zwischen deine Hände und gehe mit dem Gesäß etwas mehr Richtung Boden und strecke das rechte Bein nach hinten aus und halte es dynamisch. Versichere dich, dass dein Becken im Laufe der Position in horizontaler Position ist, da deine Wirbelsäule sonst verkrümmt ist. Achte auch darauf, dass dein linkes Knie nicht verdreht ist. Dann geh auf deine Fingerspitzen und erhebe dich beim Einatmen aus deinem Herzen heraus, wobei du in eine leichte Rückbeugung gehst und den Hals in einer Linie mit der Wirbelsäule hältst. Spanne das Gesäß stark an, um deine Lendenwirbelsäule zu schützen. Die Schultern bleiben entspannt.

Halte diese dynamische Position so lange, wie es angenehm ist, und atme dabei tief und ruhig. Genieße diesen Augenblick, das *Jetzt*. Dann strecke dich geistig und dehne dich aus ins EWIGE JETZT. Sage innerlich die Affirmation: „Ich steige über alle Gedanken an Vergangenheit und Zukunft empor, ins EWIGE JETZT."

Um die Position aufzulösen, gehe mit den Handflächen hinunter auf den Boden und bringe dein linkes Bein wieder in die Tischposition. Gehe zurück in eine sitzende Position und sitze für eine Weile still und erhebe deinen Blick zu dem Punkt zwischen den Augenbrauen und genieße die Wirkung der Position auf Körper, Geist und Seele.

Dann führe die gleiche Haltung spiegelverkehrt durch. Danach leg dich hin und gehe mit deinen Knien zur Brust, um deinen Rücken zu entspannen.

KREATIVE PAUSE ZUR ARBEIT MIT DEM NOTIZBUCH
» Wiederhole die Botschaft dieses Tages mit deinen eigenen Worten
  so klar, wie du kannst.
» Nimm dein Notizbuch und schreibe es auf.

AFFIRMATION UND ÜBUNG DES TAGES
Nimm diese Affirmation und dieses Verhalten für diesen Tag (oder morgen,
falls es Abend ist) mit dir, ganz gleich, wohin du gehst und was du tust:

*„Ich steige über alle Gedanken
an Vergangenheit und Zukunft empor,
ins EWIGE JETZT."*

TAG 43
MEDITATION

Die altertümliche *Hong Sau*-Technik

Der Atem ist ein doppelseitiger Freund wie ein Schwert mit zwei gegen-
überliegenden Schneiden: Um ein vollständiges *Jetzt* zu leben, müssen wir
lernen, voll und tief zu atmen. Sonst stärken wir nur, wie bereits hingewie-
sen wurde, die innere Tendenz, das Jetzt zu meiden. Geht es um das EWIGE
JETZT dann ändert sich alles. Das EWIGE JETZT ist am besten in tiefer innerer Stille, in der Innerlichkeit, spürbar. Zu diesem Zweck wird der Atem zum
Hindernis, weil es uns an den Körper, an das äußere Bewusstsein bindet und
unseren ruhelosen Geist aktiv hält. Für die Tiefenmeditation gilt folgende
Regel: je weniger Atem desto besser! Die altertümliche *Hong Sau*-Technik
beruhigt den Atem auf natürliche Weise, statt ihn zwangsweise anzuhalten,
und erzeugt eine natürliche und Spaß bringende Atemlosigkeit.

TECHNIK:
Sitze aufrecht auf einem Kissen, einer Bank oder einem Stuhl, ohne dich
irgendwie anzulehnen. Spanne den Körper beim Einatmen an und entspanne ihn beim Ausatmen. Wiederhole dies zwei Mal oder öfter. Halte den
Körper völlig entspannt und trotzdem dynamisch. Entspanne deine Gedanken und Emotionen. Um die Technik zu beginnen, atme tief ein und atme

dann langsam aus. Warte drauf, dass dein Atem von sich aus kommt und folge dem natürlichen Einatmen in Gedanken mit dem Wort *Sau* (es hört sich an wie das englische Wort „saw"). Fühle, wie dein Atem das Mantra *Hong-Sau* erzeugt.

Erinnere dich, dass es sich hier nicht um eine Atemübung handelt: Atme nicht absichtlich ein und aus. Sei ruhig und beobachte das natürliche Atmen innerhalb der Nase gut. Es gibt einen anderen wichtigen Punkt: beobachte deinen Körper nicht beim Atmen sondern konzentriere dich auf deinen Atem an sich. Achte besonders auf die Pausen zwischen den Atemzügen. Genieße den Frieden, die Stille und die Freiheit, wenn du fühlst, dass dein Körper atemlos ist.

Wenn dein Geist abgelenkt wird, konzentriere dich wieder und wieder auf den Atem in der Nase und auf die Klänge Hong und Sau. Höre mit der Übung nach einiger Zeit und vorzugsweise nach 20 Minuten auf. Lenke deinen Blick auf den Punkt zwischen den Augenbrauen. Versuche in der Stille im Bewusstsein des EWIGEN JETZT aufzugehen. Bleibe dort für mindestens 10 Minuten.

KREATIVE PAUSE ZUR ARBEIT MIT DEM NOTIZBUCH

» Wiederhole die Botschaft dieses Tages mit deinen eigenen Worten so klar, wie du kannst.

» Nimm dein Notizbuch und schreibe es auf.

AFFIRMATION UND ÜBUNG DES TAGES

Nimm diese Affirmation und dieses Verhalten für diesen Tag (oder morgen, falls es Abend ist) mit dir, ganz gleich, wohin du gehst und was du tust:

„Hong-Sau – Ich bin Geist."

TAG 44
AFFIRMATION

Ändere die Denkrichtung

„Affirmationen sind besser
als die übliche Form von Gebeten.
Bitte Gott nicht um einen Gefallen.
Er wird keine Gesetze Seines Universums brechen,
weil du Ihn darum bittest,
aber wenn du dein Geburtsrecht
als eines Seiner Kinder einforderst,
dann wir Er zuhören."

Paramhansa Yogananda

Affirmationen können auf unser Leben, unser Schicksal, unsere Übereinstimmung mit der kosmischen Wahrheit einwirken. Sie korrigieren gewohnheitsmäßige schädliche Haltungen in unserem Geist. Sie werden stark sein, wenn sie richtig angewandt werden. Wiederhole die folgende Affirmation häufig in der folgenden Weise: Erst laut (sodass sie unser Bewusstsein durchdringt), dann flüstere sie (sodass sie sich in unserem Unterbewusstsein ausbreitet) und dann nur innerlich (sodass sie sich im Überbewusstsein breit macht). Wenn du nicht alleine bist, dann wiederhole die Affirmation nur wieder und wieder im Stillen und erfreue dich ihrer Botschaft. Es ist wichtig, die Worte mit Kraft und Konzentration, mit Überzeugung und Gefühl auszusprechen. Die beste Zeit für Affirmationen ist unmittelbar nach der Meditation, bevor man einschläft, oder kurz nach dem Aufwachen, da die Tür zum Unterbewusstsein dann geöffnet ist. Hier ist eine, mit der wir beginnen können:

Ich bin glücklich
unter allen Umständen,
HIER und JETZT,
HIER und JETZT.
Ich schließe
das Glück der Anderen mit ein
in meine Freude,
in meine Freude.

Ein Vorschlag für die Künstler unter den Lesern: Rhythmus und Melodie können eine Affirmation effektiver machen. Warum schaffst du nicht deine eigene Melodie für diese Worte und singst sie häufig? Versuche dass deine Schöpfung nicht aus dem „Ich" sondern aus dem EWIGEN JETZT kommt, das die geheime Inspirationsquelle aller großen Künstler ist.[37]

Um allen Lesern die Chance zu geben, diese Worte zu singen, sind meinem Freund David Miller, Dichter, Profimusiker und Komponist, netterweise diese beiden kleinen Verse eingefallen.

Here and Now

Ich bin wach und bereit

Ich bin wach und bereit,
Ich bin wach und bereit,
Ich bin wach und bereit,
Genau jetzt!

Ich bin wach und bereit,
Ich bin wach und bereit,
Ich bin wach und bereit,
Hier und jetzt!

---

[37] In Bezug auf dieses Thema könnte Künstlern *Gespräche mit berühmten Komponisten* von Arthur Abell eine Freude sein.

I'm Awake and Ready

* Repeat until awake and ready.

Hier sind andere Affirmationen zum Wiederholen oder Singen:

Die Flamme des Lebens brennt jetzt

*Ich mache das Meiste aus meinem Tag.
Ich habe nur diesen Augenblick zum Leben.
Was auch immer, was auch immer ich tue,
ich widme ihm meine volle Aufmerksamkeit.*

Oh Augenblick ich bin hier bei dir,
die Flamme des Lebens brennt jetzt.
Wach und lebendig zehre ich von
der Fülle des Jetzt!

Ja zum Leben

Hier und jetzt von ganzem Herzen
erwache ich für ein wundervolles Leben.
Ich reite frei auf den Wellen der Veränderung.
Zu neuen Ufern lass ich mich treiben.

Ich bin gelassen und gut gelaunt.
Was kommt lass kommen.
In guten wie in schlechten Zeiten singt
mein Herz: ja. „JA" ist mein Lied.

Refrain: ja, ja, ja zum Leben.
Was kommt lass kommen.
Ja, ja, ja zum Leben.
*Mein Herz sagt **Ja** zum Leben.*

Das EWIGE JETZT

In Stille, hinter dem äußeren Jetzt,
spüre ich ein zeitloses EWIGES JETZT.
So lebe ich im Augenblick,
aber frei, nicht für den Augenblick.
Weil ich in mir, in der Stille des Geistes,
ein majestätisches EWIGES JETZT finde.
Oh, in mir, in der Stille des Geistes,
finde ich ein wunderbares EWIGES JETZT.

Mein Leben in Gottes Hand

Ich entspanne in diesem jetzigen Augenblick,
lasse die Vergangenheit los. Sie ist weg.
Die Zukunft wird sich um sich selbst kümmern.
Und diesen Augenblick – diesen AUGENBLICK
– habe ich gewonnen.
Ja! Diesen Augenblick – diesen AUGENBLICK
– habe ich gewonnen.

(langsam)

*Ich lege mein Leben
in Gottes Hand,
und weiß, dass er stets
derjenige ist, der entscheidet*

KREATIVE PAUSE ZUR ARBEIT MIT DEM NOTIZBUCH
» Wiederhole die Botschaft dieses Tages mit deinen eigenen Worten
so klar, wie du kannst.
» Nimm dein Notizbuch und schreibe es auf.

AFFIRMATION UND ÜBUNG DES TAGES
Nimm diese Affirmation und dieses Verhalten für diesen Tag (oder morgen, falls es Abend ist) mit dir, ganz gleich, wohin du gehst und was du tust:

*„Ich bin unter allen Umständen glücklich,
hier und jetzt, hier und jetzt.“*

IN EINER NUSSSCHALE: EIN ABLAUF
Für diejenigen, die nach einem täglichen Ablauf für spirituelle Übungen suchen, folgt hier ein Vorschlag, der ungefähr eine halbe Stunde in Anspruch nimmt. Übe:
» die ***Wach und Bereit-*** Übung (30 Sekunden, Seite 57)
» die ***Übung zum Wiederaufladen von 20 Körperbereichen***
(2 Minuten, Seite 115)
» einige Yogahaltungen (falls du sie kennst)
» der ***volle yogische Atem*** (1,5 Minuten, Seite 56)
» die ***Hong Sau-T***echnik (20 Minuten, Seite 119)
» eine positive ***Affirmation*** zum Abschluss (1 Minute)

TAG 45
RUHIG IN DER BERGHÜTTE

Zeit, um dich selbst zu beobachten

Das war wieder ein praktisches Plateau. Wir kommen an einer anderen Berghütte an. Lass uns ausruhen, uns freuen und einige weitere Fragen beantworten. Schreibe die Antworten in dein Notizbuch.

1. Wenn ich versuche, die Übung zum Wiederaufladen von 20 Körperbereichen durchzuführen, wie fühle ich die Energie? Visualisiere ich wie die Energie durch das verlängerte Rückenmark hineinkommt und halte ich den Blick leicht nach oben? Nutze ich meine gesamte Willenskraft?

2. Spüre ich bei der Hong Sau-Technik Ruhe und Frieden?

3. Könnte Ananda Yoga mit seiner inneren Wahrnehmung und seinen Affirmationen ein gutes Werkzeug für mich sein? Spüre ich seine Wirkung auf mein Bewusstsein?

4. Habe ich eine Affirmation ausgesucht, die ich für einige Zeit häufig versuchen möchte? Falls nicht, wie könnte diese lauten?

127

*Alle Heiligen unterscheiden sich untereinander sehr.
Sogar wenn sie sich derselben Freude Gottes hingeben.
Es sind weltliche Menschen, die so leicht
in gewöhnliche Typen verfallen.*

Swami Kriyananda

FÜNFTES PLATEAU: TAG 46 – 57
HEILIGE, SADHUS, SWAMIS
DES HIMALAYA
Fünftes Plateau

Wir sind weiter nach oben gekommen auf unserer Himalajapilgerschaft, zu einem neuen und weit oben gelegenen Plateau, dessen Landschaft eine große Aussicht, stille Höhlen und einfache Einsiedeleien bieten. Hier leben große Yogis. Auch wenn wir einen inneren Berg besteigen, sind die Menschen, die wir hier treffen, wirklich. All diese Himalajayogis werden ihre Weisheit auf einzigartige Weise gefärbt von ihren einzigartigen (und manchmal merkwürdigen) Persönlichkeiten mit uns teilen. Sie übermitteln beim Sprechen den authentischen Schlüssel zum Erkennen der Weisheit. Das Ziel ist immer dasselbe, das EWIGE JETZT, auch wenn viele Namen dafür verwendet werden.

Wir betreten nun einen ersten Ashram.

TAG 46
SWAMI NIRGUNANANDA

Eifriges Kind von Ananda Moyee Ma

Swami Nirgunananda ist ein Anhänger von Ananda Moyee Ma, einer großen Heiligen der mütterlichen Liebe. Er selbst würde sich genau genommen nicht als ihr Anhänger und sie als seinen Guru bezeichnen. Er definiert sich einfach als ihr Sohn. Alles andere ist ihm für seinen Geschmack zu formell, zu distanziert und nicht angemessen für die Liebe, die er erlebt. Sie ist einfach nur seine Mutter. Er erhebt sie über Gott. Seltsam? Ja. Er aber fragt uns: „Kennst du Gott? Und wenn nicht, wie kannst du Ihn lieben? Kannst du etwas lieben, was du nicht wirklich kennst? Ma jedoch kannst du lieben." Er spricht von der Intensität der Liebe, die er für sie fühlt, und sagt: „Sie wird ständig größer." „Hat sie geschimpft?", wird er gefragt. „Ja und Nein", antwortet er. „Nein, hat sie nicht, denn sie hatten keinen eigenen Willen. Sie drückte nur einen höheren Willen aus. Auf der anderen Seite muss ich das bejahen, denn sie hat geschimpft." „Gab sie dir Mantren?" Die Antwort lautet gleich: „Ja und Nein." Swami Nirgunananda ist wirklich kein Nachsager! Eine gute Lehre für alle von uns, die wir uns auf dem Pfad zum EWIGEN JETZT befinden: Warum jemanden kopieren? Es ist weder notwendig noch gesund. Es ist besser, vollständig und glücklich unser höheres Selbst zu leben, wir selbst zu sein und frei zu denken

„Hast du also Mantren von ihr bekommen und wenn ja welche?" Seine Antwort war interessant. „Das Mantra, das ich von ihr bekommen habe, kann man in vielen Büchern finden. Aber selbst, wenn ich es dir erzählen würde, könntest du nicht erraten, was sie mir gegeben hat. Ein Mantra kommt mit einer Stimme und einem Bewusstsein. Ich wiederhole das Mantra in der Art, in der sie es mir übermittelt hat. Du kannst das von mir nicht bekommen." Das ist ein guter Hinweis für unseren eigenen Aufstieg: Trifft man eine große Seele im Osten oder im Westen, dann ist es am Wichtigsten, sich auf das *Bewusstsein* hinter den Worten, den Lehren, den Techniken und sogar hinter dem Mantra zu konzentrieren.

Ananda Moyee Ma gab diesen unüblichen Ratschlag: „Sei gut, aber *übertreibe* es nicht." Swami Nirgunananda befolgt folgenden besonderen Rat: Ma sagte ihm: „Trink keinen Tee. Das ist nicht gut für dich." Deswegen sagte er fröhlich: „Nun, ich trinke niemals Tee. Ich trinke *Kaffee*!" und er lachte. So kommt es, dass er den besten italienischen Kaffee genießt. Unter uns: Warum *superbrav* und *supertoll* sein? Alle großen Seelen haben einen kleinen Rebellen in sich und das ist die kleine wilde Seite: Sie gehört dazu, um authentisch zu sein. Der Pfad zum EWIGEN JETZT ist nicht wirklich orthodox.

Besucht man einen indischen Ashram, dann nimmt man nicht nur, sondern gibt, sonst bricht der Fluss der Liebe ab. So bietet man üblicherweise Spenden, Früchte oder Blumen an. Aber Swami Nirgunananda ist nicht daran interessiert, dass man ihm Spenden darbringt, und sagt: „Da drüben ist eine Spendenbüchse. Dort kümmert sich jemand anderes darum. Ich bin nun frei von allen Verpflichtungen und frei, über Ma zu meditieren." Seine Ehrlichkeit ist inspirierend, da moralische Ehrlichkeit leicht verdorben werden kann. Bergsteiger, sei vorsichtig!

Wir verabschieden uns von ihm und setzen unseren Besuch fort.

KREATIVE PAUSE ZUR ARBEIT MIT DEM NOTIZBUCH

» Wiederhole die Botschaft dieses Tages mit deinen eigenen Worten so klar, wie du kannst.

» Nimm dir einen Augenblick Zeit, um darüber nachzudenken, wie es auf dich und dein Leben zutrifft.

» Wie kannst du es praktisch so anwenden, dass du die Qualität deines täglichen Lebens verbesserst?

» Nimm dein Notizbuch und schreibe es auf.

AFFIRMATION UND ÜBUNG DES TAGES

Nimm diese Affirmation und dieses Verhalten für diesen Tag (oder morgen, falls es Abend ist) mit dir, ganz gleich, wohin du gehst und was du tust:

„Ich bin gut, aber nicht zu gut!"

TAG 47
SWAMI PARAMANANDA

Pünktlichkeit, Brahmacharya, Tapasya

Der 120 Jahre junge Swami Paramananda Giri glüht vor Freude. Seine Augen sind wie funkelnde Sterne. Er spricht von höheren Welten. Eine Frage, die man ihm stellt, handelt von einer ungewöhnlich schwierigen Angelegenheit: Was tun, wenn man den Körper verlässt, ohne es zu wollen, ohne Kontrolle? „Dafür", antwortet er, „brauchst du einen wahren Guru, einen, der diese Dinge aus eigener Erfahrung kennt." Bücherwissen nützt dafür wenig. Indische Lehren sagen, dass wir ab einer bestimmten Höhe auf unserem inneren Berg Führung benötigen.

Ein fortgeschrittener Yogi erzählte einmal einem Bergsteiger: „Ich werde dich lehren, deinen Körper zu verlassen." Ein wenig später lag dieser Mensch im Bett und fühlte plötzlich, wie eine Kraft ihn aus seiner körperlichen Form zog. Er war jedoch auf solch eine Erfahrung noch nicht vorbereitet. Es war für ihn eher ein Schock, er hatte Angst und dachte, dass er starb. Sobald es vorbei war, ging er schnell zu dem Yogi: „Mir ist etwas Schreckliches passiert!" Der Yogi lächelte: „Nun, ich sehe, dass du noch sehr lebendig bist."

Erfahrungen dieser Art sind real und überzeugen unser Bewusstsein, dass wir kein Körper sind, sondern dass wir einen Körper haben. Wenn er stirbt, dann leben wir weiter. Sterben ist unmöglich für uns. Die instinktive Angst vor dem Tod zu überwinden, ist einer der größten geistigen Siege.

Swami Paramananda erklärte sein langes Leben (120 Jahre!) auf ungewöhnliche Weise. Sein Geheimnis bestand aus drei Punkten: „Pünktlichkeit, Brahmacharya, Tapasya!" Warum Pünktlichkeit und warum erscheint diese an erster Stelle?

Swami Kriyananda sagte einmal nachdrücklich zu mir und meinen Freunden: „Wenn du etwas sagst, dann halte dich auch daran!" Er selbst würde in die Stadt gehen, nur weil er gesagt hat, dass er es tun wird, weil er zu seinem Wort steht, selbst wenn er vielleicht nicht mehr hingehen müsste. Und wieder – warum.

Indem du zu deinem Wort stehst, sagt er, gewinnt dein Wort an Kraft.[38] Swami Kriyananda ist außerordentlich pünktlich. Sagt man: „Wir treffen

---

[38] Jedes *Yama* und *Niyama*, das von Patanjali unterrichtet wird, bildet eine Kraft heraus. Die Kraft des *Satya*, der Wahrhaftigkeit, besteht darin, dass sich das Wort auch nach außen hin manifestiert.

uns um 11:00 Uhr," aber kommt dann normalerweise um 11:15 Uhr an, dann beruht unser Wort nicht auf der Wahrheit und es wird ihm somit auch an Kraft mangeln. Die Kraft, die es uns verleiht, Wahrheit (einschließlich Pünktlichkeit) *zu leben*, Wahrheit *zu denken* und Wahrheit *zu sprechen*, hilft uns (unter anderem) länger zu leben.

Was ist mit Paramanandas zweitem Punkt, *Brahmacharya*? Kontrolle über die Sexualität und die Sinne spart einen Berg an innerer Kraft, der dann für Gesundheit, Konzentration, Spiritualität und langes Leben zur Verfügung steht. Man sagt, dass sinnliche Menschen schwerer und schneller atmen, und die Geschwindigkeit des Atmens steht in Bezug zu unserem Alter: Schnelles Atmen bedeutet, jünger zu sterben. Eine Kontrolle der Sexualität ist eine gute Praxis, der man folgen sollte. Mäßigung ist ein guter Rat und für die, welche das natürlich durchführen und dabei froh sein können, sogar Abstinenz.

Und der dritte Punkt - Tapasya? Wie unterstützt es ein langes Leben? Swami Paramananda meinte mit diesem Begriff Sadhana, unsere spirituellen Übungen. Yogahaltungen, Pranayama, Aufladen mit Energie, Meditation: All dies hält uns jung und gesund. Natürlich üben Yogis diese Techniken nicht aus, um ein langes Leben zu erreichen, sondern weil sie ihrer inneren Entwicklung förderlich sind. Trotzdem ist ein langes Leben doch eine schöne Sache, warum also nicht?

Es folgt eine kurze Zusammenfassung von Swami Paramanandas Lehren, bevor wir weitergehen: um das EWIGE JETZT zu erreichen, sollte man zu seinem Wort stehen, mäßig mit Sinnesfreuden umgehen und angemessene Betonung auf spirituelle Übungen legen. All diese Aspekte sind dafür wichtig.

KREATIVE PAUSE ZUR ARBEIT MIT DEM NOTIZBUCH
» Wiederhole die Botschaft dieses Tages mit deinen eigenen Worten so klar, wie du kannst.
» Nimm dir einen Augenblick Zeit, um darüber nachzudenken, wie es auf dich und dein Leben zutrifft.
» Wie kannst du es praktisch so anwenden, dass du die Qualität deines täglichen Lebens verbesserst?
» Nimm dein Notizbuch und schreibe es auf.

AFFIRMATION UND ÜBUNG DES TAGES
Nimm diese Affirmation und dieses Verhalten für diesen Tag (oder morgen, falls es Abend ist) mit dir, ganz gleich, wohin du gehst und was du tust:

*„Ich bin eine Seele
und habe einen Körper."*

TAG 48
TARD BABA

Eigenes Bemühen

Der patriarchische Tard Baba ist ein Nag Baba (nackter Baba), der sich nur aus sozialen Gründen heraus etwas Jute („Tard") um die Hüfte wickelt. Er ist von einer Aura alter Yogitradition umgeben, und man sagt, dass er sehr, sehr alt ist. Niemand kennt sein genaues Alter. Manche sagen „mindestens 150" und andere „ungefähr 300 Jahre." Ein *Chela* (Schüler), der bei ihm lebt, erzählt: „Ich kenne jemanden, dessen Großvater er unterrichtet hat."

Tard Baba ist ein Yogi, der an das eigene Bemühen glaubt: „Die Leute kommen immer zu Heiligen, um Segen zu empfangen. Nun, ich gebe euch keinen Segen. Ich gebe euch einen Raum. Kommt her und meditiert. Nehmt Abstand zur Welt. Konzentriert euch.

Eigenes Bemühen und Empfänglichkeit für Gnade: Das sind die Ying und Yang des Pfades zum EWIGEN JETZT. Beide sind für unseren Fortschritt erforderlich. Der einfache Weg wird nicht funktionieren: „Mein Meister, mein Gott, meine Religion, mein Ritual wird das für mich tun." „Bewegt euch!", ist Tard Babas unnachgiebige Antwort!

KREATIVE PAUSE ZUR ARBEIT MIT DEM NOTIZBUCH

» Wiederhole die Botschaft dieses Tages mit deinen eigenen Worten so klar, wie du kannst.

» Nimm dir einen Augenblick Zeit, um darüber nachzudenken, wie es auf dich und dein Leben zutrifft.

» Wie kannst du es praktisch so anwenden, dass du die Qualität deines täglichen Lebens verbesserst?

» Nimm dein Notizbuch und schreibe es auf.

AFFIRMATION UND ÜBUNG DES TAGES

Nimm diese Affirmation und dieses Verhalten für diesen Tag (oder morgen, falls es Abend ist) mit dir, ganz gleich, wohin du gehst und was du tust:

„Niemand kann meinen Fortschritt bremsen,
wenn ich die Energie herausnehme."

TAG 49
DSCHUNGEL-BABA

Die 10 Indriyas

„Jungle Baba", „Dschungel-Baba", wie wir ihn liebevoll nennen, lebt in seiner idyllischen Eremitage, die sich in der Nähe eines Wasserfalls im Dschungel befindet. Er verkörpert einen weit von den Massen entfernten Yogalifestyle und ist völlig vertieft in seine innere Welt. Dschungel-Baba ist ziemlich jung, liebenswürdig und aufrichtig. Er ist gebildet, da er yogische Philosophie an der Universität studiert hat, und er widmet sich ganz seinen Meditationen. Er spricht von inneren Erfahrungen und bezieht sich nicht nur auf seine Bücher. Seine Empfehlung besteht darin, die „10 Indriyas" zu kontrollieren. Dabei handelt es sich um die zehn Sinne, aus denen Yogis ihre Energie schöpfen: die fünf Sinne, die wir kennen, plus die Kraft des Gehens, Sprechens, Fortpflanzens, Ausscheidens sowie der Nutzung der Hände.
Innere Lehren erscheinen manchmal ziemlich abstrus und schwierig (Yoga, zum Beispiel, spricht über 10 Indriyas, 5 Pranas, 5 Koshas, 108 Marmas, 72.000 Nadis...), aber sie laufen auf einige wenige universelle Prinzipien hinaus, die alle leicht verständlich sind. Die Energie aus dem Körper abziehen, ist eine davon, sagt Dschungel-Baba. In Kürze: Vermeide die Verwirrung auf dem Pfad zum EWIGEN JETZT und mache Lehren einfach und klar für deinen Geist. „Wenn du etwas deiner Großmutter nicht erklären kannst", sagte Einstein, „dann hast du es selbst nicht wirklich verstanden."

KREATIVE PAUSE ZUR ARBEIT MIT DEM NOTIZBUCH
» Wiederhole die Botschaft dieses Tages mit deinen eigenen Worten so klar, wie du kannst.
» Nimm dir einen Augenblick Zeit, um darüber nachzudenken, wie es auf dich und dein Leben zutrifft.
» Wie kannst du es praktisch so anwenden, dass du die Qualität deines täglichen Lebens verbesserst?
» Nimm dein Notizbuch und schreibe es auf.

AFFIRMATION UND ÜBUNG DES TAGES
Nimm diese Affirmation und dieses Verhalten für diesen Tag (oder morgen, falls es Abend ist) mit dir, ganz gleich, wohin du gehst und was du tust:

„Wahrheit ist einfach. Mein Geist ist kristallklar."

TAG 50
FÜNFTER ASHRAM, MAUNI BABA
Anhänger von Mahavatar Babaji

Mauni Baba ist ein junger und fortschrittlicher Yogi, der auch in der Winterzeit in den Höhen des Himalaja bleibt, wenn die Dörfer schließen und von jedem verlassen werden und wenn die Häuser von Schnee bedeckt sind. Mauni Baba war der Sohn eines wohlhabenden Bankers in Delhi. Im Alter von sechs Jahren hatte er wiederholt Träume vom großen Meisters Babaji,[39] der ihm sagte: „Verlasse diesen Ort. Komme zu den Himalajas." Der kleine Junge lief selbst die Berge hinauf und wusste sogar, zu welcher Höhle er gehen musste. Ein väterlicher Swami nahm ihn unter seine Fittiche und lehrte ihn den Weg der Yogis. Heute noch nennt ihn Mauni Baba ehrerbietig „mein Guru", auch wenn seine wahre Verbindung stets zu Babaji bestand.

Mauni Baba ist ganz er selbst, was bei vielen zu Verwunderung führt. Er kleidet sich in grellem Rot und hat auch seinen Ashram in derselben grellen Farbe gestaltet. Man kann ihn schon von Weitem sehen. Rot, sagt er, ist die Farbe des Shakti (Kundalini). Er trägt Blumengirlanden in seinem Haar, sieht ein wenig wild aus und lacht wie ein Kind.

Mauni Baba sagt, dass er in ständigem Kontakt mit Babaji steht. Natürlich wird er gefragt: „Wie kann ich ihn treffen?" Seine Antwort ist tiefes Yoga: „Du musst dein Prana-Vayu kontrollieren und es in deine Wirbelsäule ziehen, nach oben gehen und den Körper verlassen. Auf diesem Level trifft Yogi auf Yogi." Er pflegte seine Antworten aufzuschreiben, da er ein „Mauni" oder stiller Baba war. Seine 12 Jahre der Stille endeten im Februar 2010 während der *Kumbha Mela* (der größten spirituellen Versammlung auf der Erde) in Haridwar, am Fuße des Himalajagebirges. Mauni Baba sagt, dass von diesem Augenblick an für ihn ein neuer Lebenszyklus begann. Er wird in den Westen und durch Indien reisen und Kriya Yoga lehren, wie er es von Babaji gelernt hat.

Eines unserer Mitglieder, ein Anhänger von Yogananda, fragte sich, ob er an seinen Kriyakursen teilnehmen könne. Die Antwort war: Nein. Vermische die Dinge nicht. Es gibt sicher erhebliche Unterschiede zu der Technik, die Mauni Baba lehrt. Sagt nicht: „Was ich bekommen habe, ist nicht genug." Respektiere, was Mauni Baba tut, aber mache einen Schatz aus dem, was du erhalten hast. Die Antwort ist für uns alle gültig: Wollen wir das EWIGE JETZT erreichen, müssen wir unseren eigenen Pfad finden und uns dann

---

[39] Beschrieben in Autobiografie eines Yogi, Crystal Clarity Publishers

hartnäckig daran halten und ihm völlig treu bleiben. Wir können den Berg nicht über viele Wege besteigen, sondern nur über einen, auch wenn viele Pfade zum selben Gipfel führen.

KREATIVE PAUSE ZUR ARBEIT MIT DEM NOTIZBUCH

» Wiederhole die Botschaft dieses Tages mit deinen eigenen Worten so klar, wie du kannst.
» Nimm dir einen Augenblick Zeit, um darüber nachzudenken, wie es auf dich und dein Leben zutrifft.
» Wie kannst du es praktisch so anwenden, dass du die Qualität deines täglichen Lebens verbesserst?
» Nimm dein Notizbuch und schreibe es auf.

AFFIRMATION UND ÜBUNG DES TAGES

Nimm diese Affirmation und dieses Verhalten für diesen Tag (oder morgen, falls es Abend ist) mit dir, ganz gleich, wohin du gehst und was du tust:

„Ich bleibe dem Weg treu, den ich gewählt habe!"
(oder: „Ich werde meinem Weg treu sein,
sobald ich ihn gewählt habe.")

TAG 51
KISTEN-BABA

Den Honig nehmen

„Boxbaba" oder „Box-Walla-Baba", deutsch „Kistenbaba", verdiente sich diesen Namen, weil er während des Winters für Monate in einer großen Metallkiste sitzt. Er verlässt diese niemals, isst nicht und ist auch niemals in seinem Körper. Er strahlt eine Aura der spirituellen Autorität sowie eine starke Anziehung aus, die zahlreiche Suchende anzieht. Da sind unbestreitbare Ehrlichkeit und Kraft. Aber lasst es uns vergegenwärtigen: Es ist leicht von diesen Yogis eine Perfektion zu erwarten, die man kaum finden wird. Kisten-Baba zu Beispiel wird, nachdem er dich mit einem erhöhten Bewusstsein inspiriert hat, dir nachdrücklich und ungefragt sagen: „Ich bin dein Guru", selbst wenn du bereits aufrichtig einem anderen Pfad folgst. Das ist tatsächlich bereits mehrmals geschehen und hat Disharmonie hervorgerufen.

Die meisten Lehrer habe die Perfektion noch nicht erreicht und haben „Bewusstseinslöcher" in ihrem Wahrnehmungshimmel. Man sollte besser keine Perfektion von ihnen erwarten, denn sonst werden wir möglicherweise enttäuscht. Es ist ihnen gegenüber auch nicht fair. Eine bessere Herangehensweise, um sich inspirieren zu lassen, ist, dankbar den Honig eines höheren Lehrers zu empfangen, respektvoll zu sein, selbst wenn wir sehen, dass Unvollkommenheiten fortbestehen, und dann auf unserem Pfad zum EWIGEN JETZT voranzugehen.

KREATIVE PAUSE ZUR ARBEIT MIT DEM NOTIZBUCH

» Wiederhole die Botschaft dieses Tages mit deinen eigenen Worten so klar, wie du kannst.

» Nimm dir einen Augenblick Zeit, um darüber nachzudenken, wie es auf dich und dein Leben zutrifft.

» Wie kannst du es praktisch so anwenden, dass du die Qualität deines täglichen Lebens verbesserst?

» Nimm dein Notizbuch und schreibe es auf.

AFFIRMATION UND ÜBUNG DES TAGES

Nimm diese Affirmation und dieses Verhalten für diesen Tag (oder morgen, falls es Abend ist) mit dir, ganz gleich, wohin du gehst und was du tust:

„Ich nehme den Honig, wenn er angeboten wird,
aber ich fasse den Schlamm nicht an."

TAG 52
SUNIL BABA

Wunder

Sunil Baba ist ein sehr bekannter spiritueller Lehrer. Er führt im Freien Satsangs (spirituelle Zusammenkünfte) alter indischer Art durch, bei denen er über Liebe, Hingabe und Dienen spricht. Indien ist ein Land der Extreme, der Gegensätze und des Unmöglichen. Er materialisiert Vibhuti (heilige Asche) in unseren Händen. Das ist kein Trick sondern schlicht und einfach yogische Kraft. Aber erreicht Sunil Baba die Menschen als wirklich fortschrittlicher Yogi? Nicht wirklich.

Ein anderer Wundermann kommt zu uns: Ein Swami, der dafür bekannt ist, zu leben, ohne zu essen. Ihn zu treffen, bedeutet für uns dieselbe Lektion: Solche Wunder sind nicht unbedingt ein Anzeichen für ein hoch entwickeltes Bewusstsein. Wir sehen einen ehrlichen Mann vor uns, der eine bestimmte Kraft herausgebildet hat, aber sein Bewusstsein ist nicht besonders tiefgründig oder inspirierend.

Das ist wirklich eine gute Lehre auf dem Pfad zum EWIGEN JETZT: Wunder bedeuten *nichts*, sogar wenn sie die Massen anziehen können. Und noch mehr: Wir können sie zwar auch herausbilden, aber es ist ratsam, sie nicht zu nutzen, bis das Ego weg ist. Sonst spielen wir mit dem Feuer und viele Anwärter sind so spirituell gefallen. Natürlich können Wundermänner wahrhaft hohe Seelen sein, aber Wunder alleine sind niemals ein Beweis dafür.

Während wir weitergehen, kreuzt ein westliches Paar unseren Weg: „Sehen Sie die Hütte dort auf dem Hügel? Wir kommen gerade von dort. Gehen Sie hin und Sie werden einen Yogi in der Levitation sehen." Wir können ihre Geschichte völlig glauben, aber warum sollen wir dorthin gehen? Der Pfad zum EWIGEN JETZT ist kein Zirkus. So viele Menschen kommen wegen spektakulärer Phänomene, für Kräfte, Wunder oder faszinierendem inneren Glanz von ihrem Weg ab. Eine Geschichte wird über den Fehler, *der Ablenkung zu verfallen*, erzählt.

Es gab einen Mann, der zu seinem großen Glück vom König seines Landes eingeladen wurde. Der Mann wartete begeistert auf den Tag des Termins. Dann war es so weit. Als er die Gärten des Königs betrat, war er voller Freude und erstaunt, all die unglaublichen Wasserfälle, bunten Blumen, exotischen Pflanzen, glitzernden Steine und eindrucksvollen Statuen zu sehen und verlor sich in ihrem Zauber. Nach langer Zeit merkte er plötzlich. „Oh, ich wurde zum König eingeladen! Ich muss mich beeilen." Aber als er an das Tor des Palastes klopfte, sagte man ihm: „Es ist zu spät. Ihr Termin ist vorbei. Der König hat höchstpersönlich auf Sie gewartet. Er hätte Sie empfangen und Sie persönlich in den Gärten und in seinem prächtigen Palast herumgeführt, aber Sie haben die Gelegenheit verpasst. Sie haben sich ablenken lassen. Diese Blumen waren wichtiger für Sie, als der König selbst."

Als wir auf diesem Plateau unterwegs sind, treffen wir auf unserem Weg eine Frau, die ein wenig wild aussieht: „Ich kenne einen Yogi, der mit seinem Penis schwere Steine hebt." Ein weiteres eindrucksvolles Yogawunder? Und ja, einige Nag-Babas (nackte Mönche), heben schwere Felsen mit ihrem männlichen Geschlechtsteil. „*Toll*", können wir ihr mit einem Lächeln antworten. Sie wird uns dann mit einem tiefen mystischen Blick mitteilen: „Sobald du dich im Shiva-Bewusstsein befindest, wird es dich nie mehr verlassen!" Wie viele solcher spiritueller Slogans muss man auf dem Weg zum

EWIGEN JETZT ertragen, obwohl häufig gar nichts dahinter ist?
Warum lassen wir uns von Phänomenen und „Zeichen und Wundern"
ablenken? Das größte Wunder fortgeschrittener Menschen ist ihre völlige
Bescheidenheit

KREATIVE PAUSE ZUR ARBEIT MIT DEM NOTIZBUCH
» Wiederhole die Botschaft dieses Tages mit deinen eigenen Worten
  so klar, wie du kannst.
» Nimm dir einen Augenblick Zeit, um darüber nachzudenken, wie
  es auf dich und dein Leben zutrifft.
» Wie kannst du es praktisch so anwenden, dass du die Qualität dei-
  nes täglichen Lebens verbesserst?
» Nimm dein Notizbuch und schreibe es auf.

AFFIRMATION UND ÜBUNG DES TAGES
Nimm diese Affirmation und dieses Verhalten für diesen Tag (oder morgen,
falls es Abend ist) mit dir, ganz gleich, wohin du gehst und was du tust:

*„Ohne Ablenkung
gehe ich meinen Weg geradeaus
und kenne mein Ziel."*

TAG 53
ST. FRANZISKUS BABA

Der Heilige der Natur

Wahrer Satsang ist, was man *fühlt*, und nicht die Worte, die der Yogi spricht.
Sankt Franziskus Baba bietet wahren Satsang: Eine ganz feine spirituelle
Energie wird ständig von ihm abgegeben. Er spricht normalerweise wenig.
Sein Ashram befindet sich oben auf einem kleinen Hügel und ist lebendig durch viele Tiere, Katzen, Hunde, die miteinander spielen, und durch
Affen, die er füttert. Hunde sind im Tempel gestattet (furchtbar für ortho-
doxe Hindus). Sankt Franziskus Baba züchtet ayurvedische Pflanzen, unter
ihnen einen *Rudraksha*-Baum, einen Neembaum, sowie viele Heilkräuter
und Blumen. Der gesamte Ashram ist ordentlich und sauber. Es ist alles sehr

gepflegt. Er ist nach Japan zu Konferenzen gereist und ist weit und breit sehr angesehen. Sankt Franziskus Baba sitzt im Winter für Monate beim *Samadhi* in seiner kleinen Hütte. Seine Energie ist väterlich und weisheitsorientiert, während seine Augen Zärtlichkeit zum Ausdruck geben. Er liebt es, *Bhajans* (Gesängen) zuzuhören und bietet dem Besucher ein gutes Mahl an, das *Prasad* genannt wird. In einem Ashram nimmt man niemals ein Mittagessen sondern *Prasad* zu sich, was gesegnetes Essen bedeutet.

Sankt Franziskus Baba sagt, dass er ins Krankenhaus müsse, um sich einer Operation zu unterziehen. Selbst diese großen Himalajayogis sind nicht frei von solchen physischen Problemen. Unser Aufstieg zum EWIGEN JETZT wird nicht nur wunderschöne wilde Blumen und erstaunliche Ausblicke bieten, sondern uns auch mit beträchtlichen Herausforderungen konfrontieren. Sie haben zum Zweck, uns stärker und weiser zu machen und uns näher an den Gipfel heranzubringen.

KREATIVE PAUSE ZUR ARBEIT MIT DEM NOTIZBUCH

» Wiederhole die Botschaft dieses Tages mit deinen eigenen Worten so klar, wie du kannst.

» Nimm dir einen Augenblick Zeit, um darüber nachzudenken, wie es auf dich und dein Leben zutrifft.

» Wie kannst du es praktisch so anwenden, dass du die Qualität deines täglichen Lebens verbesserst?

» Nimm dein Notizbuch und schreibe es auf.

AFFIRMATION UND ÜBUNG DES TAGES

Nimm diese Affirmation und dieses Verhalten für diesen Tag (oder morgen, falls es Abend ist) mit dir, ganz gleich, wohin du gehst und was du tust:

> *„Ich liebe alle Wesen, die gesamte Natur,*
> *und fühle mich eins mit dem gesamten Leben."*

TAG 54
VANAMALI DEVI
Anhänger Krishnas

Vanamali Devi ist eine heilige Anhängerin Krishnas, die Jahr für Jahr in ihrem schönen Ashram Pilger aufnimmt und inspiriert. Sie ist tief verwurzelt in Hindumystik und Tradition, nutzt jedoch moderne und westliche Sprache, um diese zu erklären. Vanamali Devi ist eine Bhakti, eine Anhängerin des Pfades des Herzens, und man fühlt das sofort. Liebe und Hingabe füllen ihren Ashram genauso wie ihre Präsenz. Sie ist von einer natürlichen Süße umgeben. In ihrer violetten Kleidung und mit ihren glänzenden, liebenden Augen sieht sie jung und schön aus. Sie verhält sich meiner Frau, Sahaja, gegenüber wie eine Mutter und gibt ihr unbezahlbare Stärke und Unterstützung. Zudem ist sie mit großer Intelligenz gesegnet und verfügt über tief greifende Kenntnis der modernen Wissenschaften, Quantenphysik und westlichen Philosophie. Mit dieser ziemlich einzigartigen Kombination aus Herz und Verstand, von Osten und Westen, liefert sie eine gute Richtschnur, um das EWIGE JETZT zu erreichen.

Spiritualität ist billig, wenn sie nicht praktisch angewandt wird. In Vanamali Devis Fall wird sie sicherlich angewandt: Sie strahlt Liebe, Freundschaft, Unterstützung, Ermunterung für ihre Mitmenschen aus. Sie hat 10 Bücher zur Inspiration für Suchende verfasst und kümmert sich um Kinder aus den nahegelegenen Dörfern, unterstützt mittellose Dorfbewohner mit kleinen Unternehmensprojekten und mit medizinischer Betreuung. Sie lehrt und teilt Weisheit mit Ost und West, führt geführte Meditationen durch und lädt ihre Anhänger zu ihren Puja-Ritualen (zeremonielle Opferrituale) ein.

Das Dienen ist dabei von großer Wichtigkeit. Selbst Himalajayogis in Höhlen, die niemals jemanden sehen, sind noch aktiv, geben und teilen. Sie handeln einfach auf einer höheren, unsichtbaren Ebene. Niemand wird zum EWIGEN JETZT aufsteigen, der den Wunsch zum Geben nicht teilt, da sonst zu viel Ego involviert ist, das stets etwas bekommen möchte: *Meine* Verwirklichung, *mein* Wachstum, *mein* Segen. „Es bedeutet mehr Segen zu geben als zu nehmen "[40] ist eine universelle Lehre, die im Osten wie im Westen gültig ist.

---

[40] Acts 20:35

KREATIVE PAUSE ZUR ARBEIT MIT DEM NOTIZBUCH

» Wiederhole die Botschaft dieses Tages mit deinen eigenen Worten so klar, wie du kannst.

» Nimm dir einen Augenblick Zeit, um darüber nachzudenken, wie es auf dich und dein Leben zutrifft.

» Wie kannst du es praktisch so anwenden, dass du die Qualität deines täglichen Lebens verbesserst?

» Nimm dein Notizbuch und schreibe es auf.

AFFIRMATION UND ÜBUNG DES TAGES

Nimm diese Affirmation und dieses Verhalten für diesen Tag (oder morgen, falls es Abend ist) mit dir, ganz gleich, wohin du gehst und was du tust:

„Ich gehe mit meinem Idealismus
praktisch um."

TAG 55
SWAMI SHANTANANDA

Leben in einer Höhle

Eine heilige Höhle mit alter und starker Anziehung ist *Vashishta Guha*, wo die erleuchteten Rishi Vashishta in vedischen Zeiten lebten. Unzählige Weise wohnten im Laufe der Jahrhunderte in dieser Höhle. Wir trafen Swami Shantananda dort, einen ehrlichen Yogi. Er informiert uns, dass er bald gehen werde, um für längere Zeit in einer kleinen geschlossenen Zelle zu leben, die nur eine kleine Öffnung hat, durch die man ihm das Essen reiche. Eine einfache Umgebung in völliger Dunkelheit, in der es absolut keine Ablenkung gibt, die nichts erlaubt außer der Meditation. Bewundernswert seine Entscheidung und inspirierend für unseren eigenen Aufstieg in das EWIGE NICHTS: Wie verschwende ich meine Zeit? Wie lasse ich mich überflüssigerweise ablenken? Wie kann ich meiner inneren Suche mehr Zeit und Energie widmen?

Swami Shantananda informiert uns, dass der berühmte Swami Ramdas, der für eine Zeit in Vashishta Gufa gelebt hat, in seiner Autobiografie einen außerordentlichen Vorfall beschreibt: Jesus war ihm dort erschienen. Jesus hat für große Yogis zwei Dimensionen: Äußerlich als Person war er ein heiliger herabgestiegener Meister (ein Christus und nicht der Christus – „Christus" ist ein spiritueller Titel genauso wie „Buddha"). Innerlich und esoterisch gesehen repräsentiert er das Christusbewusstsein (Kutashta Chaitanya), das in der Wiege unserer empfänglichen Seele geboren werden muss. Diese innere Geburt in meditativer Stille stellt die wahre Begehung der Weihnachtsfeier dar. Es folgt eine esoterische Weihnachtsbotschaft für alle, welche den inneren Berg besteigen.

~~~CHRISTUS IN DIR UND IN MIR ~~~

*Christus lebt im JETZT immerdar
tief in dir und mir:
für die Augen der Welt nicht sichtbar
herrliches, stilles und wachsames HIER.*

*Christus Geburt in der Nacht, in der dunklen Jahreszeit,
hinter geschlossenen Augen ist Dunkelheit.
Es gilt die Affirmation in der dunklen Kammer deines Innern:
„Ich habe ihn JETZT, er stirbt nimmer!"*

*„Erhebe deine Augen und blicke auf die Felder"
dort funkelt der Morgenstern.
Die Ernte des himmlischen Lichts.
Christus sagt: „Sie sind weiß zum Ernten."*[41]

*Der Mystiker mit seiner ruhigen Sicht
weiß um den funkelnden Weihnachtsbaum in uns.
Herbergsbesitzer schließt die innere Türe nicht
wegen weltlichen Stolzes und Egoismus.*

*Unsere wahren Freunde sind die Hirten:
wahre Liebe und ein offenes Herz,
führen uns alle diese bescheidenen Eigenschaften
in das Licht des Christus in unserem Innern.*

*Unser Herz ist die reine Jungfrau Maria.
Niemand anderes schenkt Christus das Leben.
Guter Josef bist unsere edle Weisheit,
kennst unser Glück und unseren Segen.*

*Unsere Seelen, drei Weise aus dem Morgenland,
bis die Wahrheit letztendlich gefunden ist,
bleiben sie stetig auf ihrem Weg
zum JETZT, denn in ihm ist das Christuslicht.*

---

[41] Johannes, 4;35

KREATIVE PAUSE ZUR ARBEIT MIT DEM NOTIZBUCH

» Wiederhole die Botschaft dieses Tages mit deinen eigenen Worten so klar, wie du kannst.

» Nimm dir einen Augenblick Zeit, um darüber nachzudenken, wie es auf dich und dein Leben zutrifft.

» Wie kannst du es praktisch so anwenden, dass du die Qualität deines täglichen Lebens verbesserst?

» Nimm dein Notizbuch und schreibe es auf.

AFFIRMATION UND ÜBUNG DES TAGES

Nimm diese Affirmation und dieses Verhalten für diesen Tag (oder morgen, falls es Abend ist) mit dir, ganz gleich, wohin du gehst und was du tust:

*„Ich habe Zeit, um alleine zu sein,
denn Abgeschiedenheit ist der Preis für Größe."*

TAG 56
SWAMI KRIYANANDA

Ein moderner Yogi

Swami Kriyananda ist ein vielseitiger, talentierter und ausgeglichener Yogi. Er verbindet kristallklare Weisheit mit tiefer Demut, ein praktisches Gemüt mit erfahrener Mystik, Inspiration und Kreativität mit loyaler Freundschaft. Zur Verwunderung mancher ist er ganz er selbst und in mancherlei Hinsicht ein Rebell. Er gibt nicht viel darauf, was andere über ihn denken, aber es ist ihm sehr wichtig, wie es seinen Mitmenschen geht.

2009 gründete er einen neuen Swami-Orden der Enthaltsamkeit. In dieser neuen Zeit bleiben nicht alle alten Muster, die Adi Shankaracharya etabliert hat, gültig oder durchführbar. Die Zeiten haben sich geändert und Reformen sind notwendig. Die wesentlichen neuen Merkmale des neu gebildeten Ordens sind (Interessenten können weitere Einzelheiten auf folgender Internetseite abfragen: *www.nayaswami.org*):

1. Swamis dürfen ledig oder verheiratet sein.
2. Sie dürfen Geld verdienen.
3. Sie dürfen frei kreativ sein, wenn der Zweck darin besteht, anderen zu dienen.

4. Sie müssen nicht hirnlos einem nicht erleuchteten „Oberen" gehorchen.

5. Die Überwindung des Egos wird nicht durch die Ablehnung der Welt, sondern durch die Erweiterung zu Gottes Freude und Unendlichkeit erzielt.

6. Swamis kleiden sich nicht in dem traditionellen Orange, sondern in Königsblau

7. Ein verheirateter Swamianwärter wird *Tyagi* genannt (der, der verzichtet hat). Er kleidet sich in Türkis. Ein Mönchsanwärter wird *Brahmachari* („der, der in Brahma – Gott – fließt"). Er kleidet sich in Goldgelb. Eine verheiratete Person mit Kindern oder jemand, der noch nicht weiß, ob er in diesem Leben dazu berufen ist, zu heiraten oder nicht, kann ein *Tirthaka* (Pilger) werden und trägt weiß.

8. Ein neuer Swami wird nicht nur nach einem Swami benannt (wie die Tradition lautete) sondern nach Dreien. Ein Swami dieses neuen Ordens wird „Nayaswami" genannt. Naya bedeutet „neu."

Jeder, der auf seinem Weg zum EWIGEN JETZT, diesem neuen Enthaltsamkeitsorden beitreten möchte, muss sich der Entscheidung seines Herzens sicher sein, auf weltliche Ziele und sein Ego zu verzichten und begibt sich auf die Suche nach seinem göttlichen Ursprung. Alle oben genannten Gruppen haben spezifische Gelübde. Das Gelübde des *Tirthaka* (Pilger) endet mit den bedeutsamen Worten: „Segne mich und leite meine Schritte stets zum Gipfel Deines heiligen Berges."

Zurück zu Swami Kriyananda: Er versteckt seine Größe wie viele weit entwickelte Seelen oder vielleicht erachtet er sie nicht wirklich als groß. Das Leben bietet uns durch sie jedoch Gold dar. Es ist leicht, bei solchen Menschen nur die Fassade zu sehen, die manchmal sogar etwas sonderbar ist. Andererseits wird der blinde Glaube daran, dass ein „Swami eine große Seele ist", keinen Nutzen bringen. Die Aufgabe besteht darin, seine Anziehung zu spüren und zuzulassen. „Seine Anziehung" ist auch nicht gut gesagt. Er lebt ziemlich unpersönlich im EWIGEN JETZT und die Form Swami Kriyananda ist einfach ein leeres Gefäß, das als Sender dient. Ohne das EWIGE JETZT wäre Kriyananda tot. Verbeugen wir uns vor einem Heiligen, dann verbeugen wir uns in Wahrheit vor dem EWIGEN JETZT, vor Gott. Einmal besuchte ein Anhänger eine große Kriya Yogini (weibliche Yogi) in den Ausläufern des Himalaja. Er verbeugte sich nur ein wenig vor ihr. Sie lachte und befahl: „Runter mit dir!" Das ist ein guter Rat für uns alle, auch wenn das Ego sich weigert, sich vor jemandem zu verbeugen.

Swami Kriyananda schrieb einmal Sahaja, meiner Frau: „Wie seltsam das ist: Wir sind alle in einem und demselben Zimmer, aber manche von uns halten

ihre Augen teilweise geschlossen und sehen alles in grauen Farben. Es ist alles so großartig und wunderschön! Diese Worte zeugen davon und dienen uns als Inspiration wie ein Bewusstsein ist, das sich im EWIGEN JETZT befindet. Als Swamiji einer lebensgefährlichen Operation entgegensah, waren alle in tiefer Sorge. Nur er blieb entspannt und schrieb: „Ich grüße euch alle, heute ist der große Tag. Ich spüre keine Angst sondern nur Glück. In meinem Herzen gibt es nur Liebe für alle, ohne Ausnahme. Keine Verletzungen sondern nur tiefe Dankbarkeit. Ich wünsche allen auf Erden FRIEDEN, LIEBE, GLÜCK und FREIHEIT." Kennt man Swami Kriyanandas Lebensgeschichte, dann hören sich diese Worte sogar noch majestätischer an.
Er sagt häufig: „Was auch immer ich im Leben getan habe, du kannst es tun." Große Seelen arbeiten nicht, damit man ihnen applaudiert. Sie kommen, um uns einen sicheren Weg zum Berggipfel zu zeigen. Manchmal ist der Aufstieg steil und wir benötigen erfahrene „Bergführer", die uns ermutigen: „Da geht's lang. Du schaffst es!"

KREATIVE PAUSE ZUR ARBEIT MIT DEM NOTIZBUCH
» Wiederhole die Botschaft dieses Tages mit deinen eigenen Worten
  so klar, wie du kannst.
» Nimm dir einen Augenblick Zeit, um darüber nachzudenken, wie
  es auf dich und dein Leben zutrifft.
» Wie kannst du es praktisch so anwenden, dass du die Qualität deines täglichen Lebens verbesserst?
» Nimm dein Notizbuch und schreibe es auf.

AFFIRMATION UND ÜBUNG DES TAGES
Nimm diese Affirmation und dieses Verhalten für diesen Tag (oder morgen, falls es Abend ist) mit dir, ganz gleich, wohin du gehst und was du tust:

*„Was Heilige getan haben,
kann auch ich tun."*

TAG 57
RUHIG IN DER BERGHÜTTE

Zeit, um dich selbst zu beobachten

Ruhe dich wieder aus, habe Spaß und schreibe in dein Notizbuch.
» Welcher Heilige hat mich am meisten inspiriert? Warum? Wie
könnte ich mehr werden wie er?
» Welche Botschaft spricht zu meiner Seele? Wie kann ich anfangen,
sie zu leben?

Wir sind in unserer Reise am sechsten Himalajaplateau angelangt, das von besonderer Art ist: Es ist ein Ort, der zur meditativen Betrachtung dient. Unsere Betrachtung richtet sich auf Aphorismen zum EWIGEN JETZT. Bücher liest man normalerweise schnell, aber das gilt nicht für Aphorismen. Bei ihnen gilt die Regel: **Langsamer ist schneller!** Ohne Eile kommt man schneller an. Aphorismen nehmen uns allmählich mit in das Tiefgründige. Perlen, die in der Tiefe des Ozeans liegen, findet man nicht an der Oberfläche. Hier sind 30 davon. Dabei sollte folgende Methode angewandt werden: Lese sie durch und dann wähle einen aus. Meditiere in Bezug auf ihn. Lass ihn seine Bedeutung allmählich für dich entfalten. Dann versuche, das Wesentliche zu verstehen. Nimm seine Botschaft im Laufe dieses Tages mit dir. Wende ihn an und versuche, ihn zu leben. Manchmal kannst du Jahre an einem einzigen Aphorismus arbeiten.

Sechstes Plateau

APHORISMEN ZUM MEDITIEREN VON JOGANANDA UND KRIYANANDA

TAG 58
APHORISMEN VON PARAMHANSA YOGANANDA

Die einzige Zeit

In Wirklichkeit gibt es keine Zeit.
Nur eine Sache ist wirklich –
Die Gegenwart.
Alles geschieht JETZT.

Freiheit

Ich bin das EWIGE JETZT,
und habe den einschränkenden Kokon der Ignoranz
mit dem scharfen Messer des freien Willens zerfetzt.

Alter

Widerstehst du, zu denken, dass du alt wirst,
wirst du deiner Seele bewusster
und deines physischen Körpers weniger bewusst,
dann wirst du länger in der EWIGEN GEGENWART sein.

Grenzenloses Ziel

Denken wir im Sinne der EWIGEN GEGENWART,
die einzig und alleine wirklich ist,
und konzentrieren wir uns nur auf sie
und lassen wir uns von den Hochs und Tiefs
des Lebens nicht stören,
dann beginnen wir zu merken,
dass wir eins sind mit dem Ewigen Geist
und dann können wir begreifen, dass wir nicht mehr
von Zeit und Raum begrenzt werden.

Ruhige Wahrnehmung

Wenn du völlig ruhig sitzen
und über die Tore der Gedanken,
Energie und Gefühle hinausgehen kannst,
und wenn du in der Zitadelle des Fleisches verbleibst,
vollständig eins mit der höheren inneren Ruhe,
dann merkst du, dass du ÜBER DIE ZEIT hinaus bist.

„Und wo ICH BIN, da könnet ihr nicht hin kommen."[42]
Jesus beschreibt seinen Zustand
als das Bewusstsein des EWIGEN JETZT.
Im Geiste gibt es weder Vergangenheit noch Zukunft
sondern nur das Bewusstsein der Gegenwart.

Das zeitlose Teleskop

Jesus mit seinem Christusbewusstsein und seiner Innensicht
konnte die Vergangenheit, Gegenwart und Zukunft
in seinem Bewusstsein des EWIGEN JETZT deutlich sehen.

Die Illusion des Lebens

Zeit und Raum sind Phänomene,
die im EWIGEN JETZT geschehen.

Ewige Minute

Jede Minute ist EWIGKEIT,
weil Ewigkeit
in dieser Minute erfahren werden kann.

Sieg!

Eine Seele, die unter allen Umständen dazu in der Lage ist,
ständig eindringende üble Tendenzen
durch ständige, stets größere Tiefen
der Meditation zu besiegen,
wird gewinnen und sich etablieren
in ewigem Glück und kosmischem Bewusstsein
und Freiheit in diesem Leben und immerdar.
Sie wird sich ewiger Freunde
in der immer vorhandenen Gegenwart erfreuen.
Sie wird das Glück des EWIGEN JETZT genießen.

Wahre Identität

Ich bin ZEITLOS, ich bin raumlos,
Ich bin mehr als Körper, Geist, Gedanke, Wort und Ausdruck
mehr als Materie und Geist.
Ich bin raumlos, ich bin unendlich.
Ich bin unendlicher Segen.

---

[42] Johannes 7:34

*Der Yogi identifiziert sich mit unendlichem Glück,
ist sich nur des EWIGEN JETZT und endloser Freude bewusst,
und verliert das Bewusstsein von Vergangenheit und Zukunft,*
von ihrer Furcht oder ihren Versprechen.

Niemals zu spät!

*Schönheit und Stärke des körperlichen Ausdrucks
sollten das Erbe des Mannes und der Frau sein,
ein Geschenk der Götter:
Man pflege sie, falls sie verweigert
oder weggenommen wurden
durch den Mangel an Wissen, wie man sie behält.
Es ist niemals zu spät, um damit anzufangen.
In ihnen ist das EWIGE JETZT
Genauso wie in allem anderen.*

Über die Zeit hinaus

*„Heute" ist Teil dieses Flusses der Zeit
während perfektes Bewusstsein über die Zeit hinaus
im EWIGEN JETZT ist.*

Glück und Anmut

*Das EWIGE JETZT ist absolute Anmut,
voll um überzufließen mit dem Glück Gottes.*

KREATIVE PAUSE ZUR ARBEIT MIT DEM NOTIZBUCH

» Suche dir die Worte aus, die deinem Herz am nächsten sind.
» Lese sie ein paar Mal mehr durch, um sie tiefer zu erfassen.
» Denke darüber nach, wie du sie in deinem täglichen Leben
anwenden kannst.

TAG 59
APHORISMEN VON PARAMHANSA YOGANANDA

Perfektion

*Sieh auf die Vergangenheit als Richtschnur
zur Verbesserung der Zukunft,
aber suche die Perfektion über die Zeit hinaus
im EWIGEN JETZT.*

Wahrheit über die Zeit hinaus
*Spirituelle Wahrheiten umarmen die Ewigkeit;
ihr natürlicher Zeitrahmen ist nicht die Relativität
der Erdzeit - Vergangenheit, Gegenwart und Zukunft.
Ihr Reich ist das EWIGE JETZT.*

Wie die Zeit geboren wird
*Vergangenheit, Gegenwart und Zukunft
Diese drei Zustände entstehen wellenförmig
auf der Oberfläche des EWIGEN JETZT.*

Löse dich ab in stiller Mediation!
*Identifiziere dich nicht mit deiner äußerlichen Form,
oder mit der Veränderung,
sondern lebe in der ZEITLOSIGKEIT.
Unsere Identität erzeugt gemeinsam mit der Veränderung*
die Illusion des Laufes der Zeit.

Das innere Licht
*Das innere Licht erscheint von selbst,
sobald der Geist tiefe Ruhe erreicht.
Bei der Betrachtung dieses inneren weißen Lichtes
sollte der Anhänger seine Aufmerksamkeit von ganzem Herzen
auf das EWIGE LICHT lenken.*

Spirituelles Licht
*Wir müssen lernen, nicht abzuwägen,
zu vergleichen und zu bewerten,
welche Segnungen wir von Gott empfangen,
sondern voll und freudig in Ihm leben
im EWIGEN JETZT.*

Unser Zentrum der Ewigkeit

In der Zeit in der eigenen Mitte zu leben,
bedeutet nicht nur im Augenblick zentriert zu sein,
sondern im EWIGEN JETZT,
das über diesen Augenblick hinaus reicht.

Inspirierte Aktivität

Es ist hilfreich für das Bewusstsein,
sich von der Inspiration leiten zu lassen,
deren Quelle über alle Schwingungen hinweg
im EWIGEN JETZT des Geistes liegt.

Handeln ohne Wunsch

Durch das Handeln, ohne auf das Ergebnis
der Handlung abzuzielen,
lernen Yogis weder in der Vergangenheit noch der Zukunft,
sondern im EWIGEN JETZT zu leben.

Vom Jetzt ins EWIGE JETZT

Gott ist der Gott des EWIGEN JETZT
Leben zu haben bedeutet
dieses freudvolle Bewusstsein
eben dieses Augenblicks zu haben.

Das Ewige Rad

Die Menschen freuen sich immer
auf das Leben in der Zukunft
oder trauern um Glück,
das sie in der Vergangenheit verpasst haben.
Aber wie viele von ihnen sind dazu in der Lage,
genau jetzt vollständig zu leben?
Um diesen Augenblick richtig zu leben,
darf man nicht für den Augenblick leben.
Augenblicke ändern sich; das EWIGE JETZT bleibt konstant.
Das JETZT ist das Zentrum des Rades,
um das sich alle äußeren Umstände drehen.

Genügsamkeit

Von der Genügsamkeit hat man gesagt,
dass sie die höchste Tugend ist.
Genügsamkeit bedeutet, das Gute
jedes verstreichenden Augenblicks vollständig zu leben.
Vor allem bedeutet es,
hinter dem jetzigen Augenblick zu leben,
im EWIGEN JETZT.

Die Kunst des Lebens

*Glücklich **im** aber nicht **für** den Augenblick zu leben,*
für den Augenblick zu leben, heißt identifiziert zu werden
mit einer Situation, die sich ändern muss,
heißt sich selbst dem Leiden der Zukunft auszusetzen,
wenn sich die Veränderung,
sobald sie eintritt, als drastisch erweist.
Im Augenblick zu leben bedeutet jedoch
im EWIGEN JETZT zu leben
in einem Zustand der inneren Freude, die von
Vorübergehendem nicht beeinträchtigt werden kann.

Yogi Lebensart

*Durch das Leben **hinter** dem Augenblick*
im EWIGEN JETZT
versteht der Yogi leichter,
was in der Vergangenheit geschehen ist,
und was wahrscheinlich in der Zukunft passieren wird
und wie man in kürzester Zeit Einsichten gewinnt,
für die man normalerweise Monate oder Jahre bräuchte

Athletisches Training im Überbewusstsein

Um Gott zu finden, ist es besser, ein Langstreckenläufer
als ein Sprinter zu sein.
Die heutigen Anstrengungen der Meditation
müssen erneuert werden
und übermorgen
und überübermorgen
und weiter so lange, wie es dauert,
das Bewusstsein des EWIGEN JETZT zu erlangen.

Erobere, erobere das EWIGE JETZT

Träume nicht von Pomp, von der Last der königlichen Macht
oder von einem künftigen hohen und weit entfernten Himmel.
Hier und hiernach: Beide müssen sich ändern.
Erobere, erobere das EWIGE JETZT!
Dieser beständige, entfernt scheinende
immer ruhig schlagende Rhythmus
unter dem ruhelosen Schreiten unzähliger Füße!

KREATIVE PAUSE ZUR ARBEIT MIT DEM NOTIZBUCH

» Suche dir die Worte aus, die deinem Herz am nächsten sind.

» Lese sie ein paar Mal mehr durch, um sie tiefer zu erfassen.

» Denke darüber nach, wie du sie in deinem täglichen Leben anwenden kannst.

„*Und kühner Mut erklimmt am ersten Throne.*"

Shakespeare

Siebtes Plateau
SIEBTES PLATEAU: LETZTER TAG
DER INDIVIDUELLE WEG

LETZTER TAG
ZUM LICHT

Wir sind am letzten Plateau angelangt. Hier werden sich unsere Wege trennen und jeder wird wieder seines Weges gehen. Lass uns weitergehen, bis wir den Gipfel der Gipfel erreicht haben: die Verwirklichung unseres eigenen Selbst und der **Essenz des Lebens**, die Gott ist. An diesem Punkt haben wir wahres **Himalajabewusstsein** erreicht.

Es ist ein Rätsel: Auf unserer tiefsten Ebene sind wir schon dort. Kabir, der muslimische Mystiker, erklärte: „Pfad geht von Distanz aus. Ist Er nahe, dann benötigst du keinen Pfad. Es bringt mich wahrlich zum Lächeln, von einem durstigen Fisch im Wasser zu hören!" Leider *hat* unser Fisch Durst und er sieht das Wasser nicht. Würden wir uns nur „das Wasser" eingestehen, würde das unserem Verstand nichts Gutes tun. Wir müssen diese Wahrheit erfahren, wobei es sich um eine Aufwärtsentwicklung und einen Pfad handelt: des Erwachens, Erinnerns, Entfernens von Schleiern. Dieser Pfad schließt glücklicherweise für uns alle ein Versprechen mit ein: Es ist unmöglich, das Ziel zu verpassen. *Jeder* wird in seiner eigenen Zeit ankommen. Einstein hat gezeigt, dass Zeit ein Sklave der Geschwindigkeit ist: je schneller du dich bewegst, desto langsamer wird deine Uhr (wortwörtlich!) und bei Lichtgeschwindigkeit steht die Zeit still. Äußerst interessant. Aber um es praktisch zu sagen: je stiller du im Innern wirst, umso mehr wird die Zeit stillstehen und der Gipfel ist dann bereits dein.

Bitte erinnere dich: Das Bild des inneren Berges entspricht nicht einfach der Fantasie und der Vorstellungskraft. Es handelt sich um eine Innere Wirklichkeit, die den Mystikern bekannt ist. Der innere Berg ist die astrale (energetische) Wirbelsäule. Je niedriger unsere Energie und das Bewusstsein in unserer Wirbelsäule ist, desto trüber ist unser Bewusstsein. Während wir wachsen und größer werden, platziert sich unser Bewusstsein allmählich immer höher in der Wirbelsäule um die höheren Chakren (Energiezentren). Der Gipfel unseres inneren Berges ist das spirituelle Auge, der uns zum höchsten Kronenchakra führt, das sich in den Himmeln befindet. Eigentlich wäre es für dieses Buch eine logische Herangehensweise gewesen, spezifisch mit den Chakren zu arbeiten, da es sich bei ihnen um Zwischenstationen zu unserem inneren Berg handelt. Dies erfordert jedoch eine längere Erklärung und verdient ein eigenes Buch. Vielleicht wird Band 2 dieses Buchs daraus, wer weiß.

Je höher wir klettern, desto mehr Licht wird in unserem Leben scheinen. Das ist der Pfad zum inneren und äußeren Paradies.

Menschliche Dunkelheit ist nichts
als die Abwesenheit dieses Lichts!.

Ich wünsche dir für deinen weiteren Weg stets anhaltende Inspiration, Spaß, Entdeckungen und Abenteuer: Es handelt sich um den großartigsten Weg, den es geben kann. Du bist nicht alleine: Andere Suchende aller Religionen oder keiner Religion klettern mit dir. Sei ohne Angst, und biete dem Kletterer, den das Leben in deine Nähe bringt, Unterstützung und Liebe dar.
Ich habe eine kleine Bitte, bevor du diesen Himalajawegweiser weglegst. Bitte gib eine Wertung ab von 0-10. „0" bedeutet „schlecht" und „10" bedeutet „fantastisch". Falls deine Wertung zwischen 8 und 10 lautet, dann tue mir bitte den Gefallen und gib dieses Buch an einen Freund weiter. Mein Ziel ist, so vielen Menschen wie möglich dabei zu helfen, das innere Himalajagebirge zu besteigen, damit sie die Fülle des Lebens, das endlose JETZT und die Größe ihres wahren Selbst erreichen können. Was für eine wundervolle Welt dann auf uns wartet! Unsere Welt wird nicht von Politikern und von außen verändert, sondern von Innen durch eine allumfassende Veränderung des Bewusstseins. Eine gute Art des politischen Engagements besteht darin, sich selbst zu ändern (Das soll aber nicht heißen, dass du nicht wählen gehen solltest.) Sogar die Natur selbst, lehrte uns Yogananda, reagiert auf das Bewusstsein der Massen: Schwingungen der Gewalt wirken sich als Erdbeben, Überschwemmungen und Katastrophen aus. Die Natur ist ein lebendiges Wesen. Uns selbst zu ändern ist somit ein guter Weg, um aktiven Umweltschutz zu betreiben (was wiederum nicht heißen soll, dass wir das Licht nicht einschalten). Viele Tropfen ergeben ein Meer und viele Hände erzeugen ein Wunder!
Zu guter Letzt: Auf meinem eigenen Weg zum *Himalajabewusstsein* gab es zwei besondere Bergreiseführer, die mir enorm geholfen und mich sehr inspiriert haben und die ich dir deswegen gerne empfehlen möchte: Einer ist die **Autobiografie eines Yogi** (im Original 1946 veröffentlicht) von Paramshansa Yogananda und der andere ist **The New Path** von Swami Kriyananda.[43]
Ich denke, dein Aufstieg wird von diesen Werken gestärkt, so wie es auch bei mir war.

Wir laufen, laufen, und eines Tages kommen wir an.
Vielleicht treffen wir uns auf dem Gipfel!
Unsere Chance ist

JETZT!

JAYADEV

---

[43] Beide verlegt von Crystal Clarity Publishers

JAYADEV JAERSCHKY

ist in Ichenhausen (Günzburg) geboren. Mit 14 Jahren begann er bereits regelmäßig Yoga und Meditation zu praktizieren, in der Überzeugung dass die Welt sich nur dann wirklich ändert, wenn sich das Bewusstsein der einzelnen Menschen erweitert.

Nach Abschluss von Gymnasium und Zivildienst reiste er für sieben Monate durch Indien und Nepal, um seine innere Suche fort zu führen, lebte in Aschrams und besuchte heilige Stätte in den Himalayas.

Zurück in Deutschland wurde ihm kurze Zeit nach Beginn eines Psychologiestudiums klar, dass sein Leben vollständig der Spiritualität gewidmet sein wird. Jayadev entschloss sich deshalb nach „Ananda Assisi" zu ziehen, in eine spirituelle Lebensgemeinschaft, die den Lehren von Paramhansa Yogananda basiert. „Ananda Assisi" ist eines der bekanntesten Yogazentren Italiens, das seit 25 Jahren besteht und ein ein internationaler spiritueller Treffpunkt ist. Siehe *http://ananda.it* Ananda betreibt außer einem spirituellen Gästebetrieb eine Schule „Living Wisdom School"; einen Produktevertrieb „Inner Life"; Landwirtschaft; eine spirituelle Kunstakademie; einen Verlag „Ananda Edizioni"; organisiert spirituelle Pilgerreisen und Vortragsreisen.

Jayadevs direkter Lehrer ist Swami Kriyananda, ein naher Schüler von Paramhansa Yogananda.

Jayadev hat die *„European School of Ananda Yoga"* mit gegründet, in der er Direktor ist und das ganze Jahr über Yogalehrer ausbildet. Ananda Yoga ist eine Form des Hatha Yoga, die zur tiefen Meditation leiten will und das innere Bewusstsein vertieft. Siehe: *http://anandayoga.eu*

Seine Vortragsreisen haben ihn nach Deutschland gebracht, in viele Städte Italiens, nach Spanien, Portugal, England, Kroatien, Indien, Ägypten, Russland, Lettland, Ukraine.

Jayadev ist zudem Autor von fünf spirituellen Büchern.

Er leitet jedes Jahr eine Pilgerreise nach Indien in die Himalayas, wo das Buch „Das Jetzt will gelernt sein" entstanden ist.

» *www.ananda.it*
» *www.anandayoga.eu*

ANANDA ITALIEN

Ananda ist ein spiritueller Rückzugs Ort in den umbrischen Hügeln von Italien. Hier treffen sich Menschen die auf der Suche nach dem höheren Sinn in Ihrem Leben sind. Die Lehre an Ananda ist eine harmonische Mischung aus westlichen und östlichen spirituellen Disziplinen.

Ein besonderer Schwerpunkt liegt sowohl auf den mystischen, ursprünglichen Lehren Christi und Indiens wissenschaftliche und antiken Geschenk von Yoga und Meditation gegeben.

Die Grundlage dieser Lehre ist universell. Sie wurde in der westlichen Welt in einer reinen und der praktischen Form von dem großen indischen Meister Paramhansa Yogananda gebracht.

Weitere Informationen zu Ananda sowie zu den Meditationsgruppen in Deutschland finden Sie unter

» ***www.ananda.it***

VETH VERLAG

INFORMATIONEN, AUSTAUSCH, SOWIE WEITERE INFORMATIONEN ZU UNSEREN BÜCHERN:

» ***www.veth-verlag.de***

TEILE DEINE ERFAHRUNGEN MIT ANDEREN

» ***www.facebook.com/VomJetzt***

DER URSPRUNG DER SCHLANGE

von Carlos Jesús Castellejos
140 Seiten Hardcover € 14,90
ISBN 978-3939972068

„Eines Tages verfolgte ich einen Traum, bis der Traum mich dann am nächsten Tag einholte".

Sind die Maya verschwunden? Gibt es einen Zusammenhang zwischen den Maya von heute und den Schöpfern der eindrucksvollen alten Mayastädte, die wir alle kennen?Von den Maya berichtet man uns bereits in Büchern, die heute schon Klassiker sind wie die Werke von Antonio Velasco Piña oder diejenigen, die sich auf die Lehren des Maya-Tolteken-Kriegers Don Juan Matus beziehen, dessen Erzählungen in den Büchern von Carlos Castañeda erscheinen. Diese Bücher präsentieren uns eine Reihe von Erkenntnissen, die uns dabei helfen, uns unserem Leben zu stellen und es einfach zu leben. Heute tauchen die Maya wieder auf. Ihre Arbeit wird fortgeführt. Sie geben uns in dem Buch , »Der Ursprung der Schlange«, von Carlos Jesús Castillejos eine hervorragende Lektion, wie man sein Leben führen sollte und wie man den Sinn des Magischen wiedererlangt.

Bei näherem Interesse:
Informationen, Austausch, sowie weitere Informationen zu unseren Büchern:
» **www.veth-verlag.de**

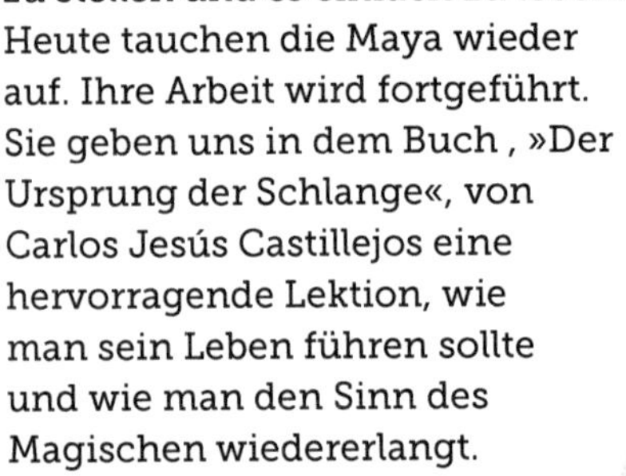

FINDING HAPPINESS

Finding Happiness ist ein Doku-Film über eine skeptische Reporterin, Juliet Palmer (gespielt von Elisabeth Rohm), die von ihrem Boss den Auftrag erhält, alternative Lebensweisen zu erkunden, die möglicherweise zu einer besseren Welt beitragen können. Unwillig sagt sie zu, die Ananda Lebensgemeinschaft in Kalifornien zu erkunden. Dort lernt sie Swami Kriyananda kennen, sowie eine Lebensform, die sie nach und nach tief berührt. Das zentrale Thema ist es, glücklich zu leben. Der Film dokumentiert nicht eine Vision, sondern eine authentische Gemeinschaft, die seit fast 50 Jahren existiert und mit hohen Idealen lebt, im Einklang mit der Natur.

Der Film Finding Happiness ist bisher in Amerika, Italien, Israel, Neuseeland und Indien in Kinos erschienen. Er kann von *http://findinghappinessmovie.com/* heruntergeladen oder bestellt werden. Der Film ist in Englischer Sprache mit Deutschen Untertiteln. Der Autor dieses Buches lebt in einer ähnlichen Ananda-Gemeinschaft in Italien. Er informiert auch gerne über den Film:
» **jayadev@ananda.it**
» **www.findinghappinessmovie.com**